Fonn 's Duthchas
Land and Legacy

Fonn 's Duthchas
Land and Legacy

FEATURING A NARRATIVE ESSAY BY
James Hunter

The Scottish Highlands:
A Contested Country

Gàidhealtachd Alba:
Tìr Fo Dheasbad

 National Museums Scotland   nls National Library of Scotland  NATIONAL GALLERIES OF SCOTLAND   Highland 2007 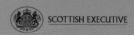 SCOTTISH EXECUTIVE

Published by
NMS Enterprises Limited – Publishing
National Museums Scotland
Chambers Street
Edinburgh EH1 1JF

Text and photographic images
© 2006 (as credited; see Acknowledgements, page 121, and on individual pages)

Narrative text (English language)
© James Hunter 2006

Publication format by
NMS Enterprises Limited – Publishing (© Trustees of the National Museums of Scotland) 2006

British Library Cataloguing in Publication Data
A catalogue record for this book is available from the British Library

10 digit ISBN: 1 905267 06 1
13 digit ISBN: 978 1 905267 06 4

Book layout and design by NMS Enterprises Limited – Publishing
Cover design by Mark Blackadder
Project design by Works Ltd: www.worksltd.co.uk
Printed and bound in the United Kingdom by Cambridge Printing

www.nms.ac.uk
www.nls.uk
www.nationalgalleries.org

Contents

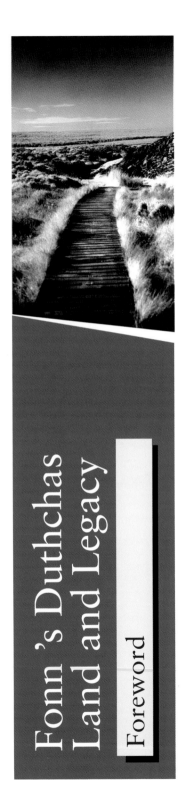

Fonn 's Duthchas
Land and Legacy

Foreword

FONN 's Duthchas, 'Land and Legacy', celebrates the heritage and creativity of a society that contributes so significantly to the cultural identity of Scotland. The Gaelic phrase '*Fonn is Duthchas*' has a range of meanings including 'land' and 'legacy', but '*Fonn*' can also mean 'music' and 'tune', and '*Duthchas*' a hereditary right to the place of your birth.

Drawn from the collections of the National Museums Scotland, National Galleries of Scotland and National Library of Scotland, together with Highland and Island museums, organisations and individuals, the exhibition sets out to explore this unique region.

The exhibition was generously funded by the Scottish Executive as part of Highland 2007, the year Scotland celebrates Highland culture.

Campster Cairns, Caithness.
PHOTOGRAPH © CRAIG MACKAY

Fonn 's Duthchas
Land and Legacy

PART I

The Scottish Highlands:
A Contested Country

James Hunter

OURS is an ancient land. Stop by a roadside rock outcrop in Assynt or in Lewis and pick up one of the frost-splintered fragments at this outcrop's base. No matter your age, the chances are you'll have in your hand something that's many tens of millions of times older than you are. The geological fundamentals of the Highland scene, then, have been here a lot longer than people. But without people – ourselves and our predecessors – this same scene would possess none of the attributes commonly attached to it. Just as that picked-up stone lacks awareness of its immense antiquity, no Highland glen, hill or loch is intrinsically lovely, striking, picturesque. This may be how we choose to think of northern Scotland's natural features; they themselves generate no adjectives. Our land-

Gàidhealtachd Alba:
Tìr Fo Dheasbad

Seumas Mac an t-Sealgair

eader-theangaichte le Martainn Domhnallach

S E tìr aosda th'againne. Stad aig creagan ri taobh a' rathaid an Asainn neo an Leòdhas is tog sgealbag air a sgàineadh leis an reothadh aig bonn a' chreagain. Sean 's gum bheil thu, is neònach nach bi an rud nad bhois ioma deich muillean turas nas sinne na thu. Tha bunaitean creagach na Gàidhealtachd air a bhith an seo mòran nas fhaide na na daoine. Ach gun dhaoine – sinne is ar sinnsreachd – cha bhiodh gin dhe na buadhan a tha ceangailte ris an cumantas aig an t-sealladh seo. Direach mar nach eil mothachadh aig a' chlach a thogte air aois mhòr, chan eil gleann neo beann neo loch air Ghàidhealtachd àlainn neo iongantach neo bòidheach ann fhein. Is docha gur ann mar seo is toigh leinn a bhith a' smaointinn air dreach nàdarra ceann tuath Alba; ach chan eil iadsan a' cruthachadh faclan. Tha àilleachd na

STRUIE HILLS, ROSS-SHIRE
PHOTOGRAPH © CRAIG MACKAY

scape's beauty is entirely in the eyes of its human beholders, and what we consider attractive, in landscape as in art, varies radically with time. Should you doubt this, read the travelogues produced by the first English visitors to the Highlands. Where their modern successors find nothing but splendour, those eighteenth-century tourists were repelled by the sterility and ugliness they discerned all around them.

It's with these and other conflicting perceptions of the area in mind that I've called the Highlands a contested country. And the contest can be fierce. Is the Sutherland and Caithness flow country eminently suited to large-scale afforestation? Or should the flow country – together with its blanket bogs, its myriad lochans and the birds that make this piece of territory their home – be left exactly as it is? That argument, at its height in the 1980s, was won by the bogs and birds – or, more precisely, by conservationists who saw in them an asset infinitely more precious than conifer plantations. Now similar disputes are triggered by the spread of wind farms and their associated grid connections. Environmentally, the issues at stake this time are more complicated than in the flow country case; wind farms can help protect both the Highlands and the rest of our planet from runaway climate change stemming from humanity's huge reliance on older, less benign, ways of producing electricity. But irrespective of such benefits as wind farms may bring, they continue to be resisted on the grounds that particular hillsides or moorlands ought to be forever sacrosanct. Mostly, the defenders of such places say they're simply doing what they can to safeguard plants, wildlife, a nice view. Sometimes, however, this or that locality is said to possess significance of a more profound sort. Quite what this significance is – whether cultural, psychological or spiritual – can be hard to pin down. Its existence in the minds of many people is beyond doubt.

But for all the esteem in which our landscapes are held, their physical condition – like every other aspect of the Highlands – is contested. Our surroundings may look pristine. We may label them as such in tourist brochures. Yet to Frank Fraser Darling, a pioneering ecologist who lived and worked in the Highlands during the middle decades of the twentieth century, ours seemed a terribly maltreated, even devastated, countryside. And from a scientific standpoint Fraser

dùthcha gu h-iomlan an sùilean an luchd-amharc, agus tha an rud a tha sinne a' meas tlachdmhor, a thaobh dùthaich neo ealain, ag athar-rachadh gu mor re ùine. Ma tha sibh teagmhach mun chùis, leughaibh na sgriobh a' chiad luchd-cuairte Sasannach dhan Ghàidhealtachd. Far nach eil an fheadhainn a tha gan leantainn an diugh a' lorg dad ach greadhnachas, bha luchd-turais na h-ochdamh linn deug air an sgreamhachadh leis cho aognaidh, grannda 's a bha na seallaidhean mun cuairt orra.

Is ann air sgath na beachdan sin, agus beachdan caochlaideach eile, a thug mi tìr fo dheasbad air a' Ghàidhealtachd. Agus faodaidh a' chonnspaid a bhith geur. Am bheil mòintichean boga Chataibh is Ghallaibh air leth freagarrach air coilltean farsaing? Neo am bu chòir an dùthaich bhog seo – le boglaichean sgaoilte, is a mhìltean lochain is na h-eòin a tha duthchasach dhaibh – fhàgail direach mar a tha i? B'ann leis na boglaichean is na h-eòin a chaidh an deasbad sin, a bh' aig àirde 'sna 1980an – neo, nas mionaidaiche, le luchd-gleidh-teachais a bha gam meas mar mhaoin mòran na bu phrìseile na coilltean giuthais. Tha deasbad dhen aon t-seòrsa a nis air eirigh an cois nan tuathanas-gaoithe is na loighnichean a tha ceangailte riutha. A thaobh àrainneachd, tha na ceistean an turas seo nas duilghe na mu na boglaichean; theid aig tuathanais-gaoithe air a' Ghàidheal-tachd is an còrr dhen chruinne a dhion gu ire bho atharrachadh sìde air adhbhrachadh leis a' chinne-daonna a bhith cho mòr an comain dòighean nas sinne, is nas milltich, air dealan a chruthachadh. Ach coma de am buannachd a tha an cois tuathanais-gaoithe, thathar a' cur nan aghaidh air sgàth 's gum bu chòir cuid de shleibhtean neo de mhòintichean a bhith gu bràth gleidhte. Mar as trice tha luchd-dion nan àitichean sin ag ràdha nach eil iad ach a' deanamh an dicheall luibhean neo ainmhidhean neo seallaidhean breagha a shàbhaladh. Uaireannan, ge-ta, canar gum bheil brìgh nas doimhne aig corr aite. Tha e doirbh a mhìneachadh de a' bhrìgh àraid a tha seo – biodh e culurach neo inntinneach neo spioradail. Ach chan eil teagamh nach eil e an inntinn mòran dhaoine.

Ach a dh'aindeoin am meas a th'air dreach na dùthcha, tha a staid nàdarra – mar tha a h-uile taobh eile dhen Ghàidhealtachd – fo dheasbad. Is docha gum bheil ar n-àrainneachd a' coimhead grinn. Tha ar sanasan turasachd ag radha sin. Ach b'e beachd Frank Fraser

Darling was surely right. While past variations in temperature and rainfall modified patterns of tree cover and helped eliminate some previously native species, human beings have had a hand – and usually an important one – in almost all such changes. In fact, we have so altered and so exploited what our remote ancestors discovered here, that little of our so-called natural heritage is truly natural. We exterminated bears, beavers, wolves and sea eagles. Leaving just a few remnants in localities like Glen Affric and Strathspey, we felled whole forests of oak, birch and scots pine. On the bare hillsides that took woodland's place, we pastured many more animals – especially sheep – than was sensible. Over the last two hundred years as a result, the carrying capacity – measured in animal numbers – of much of the rural Highlands has fallen catastrophically.

Today we're trying to make amends for previous excesses. Sea eagles have been re-introduced, and beavers may soon join them. Native woodlands are being regenerated and expanded. Some of the plantations deriving from our first attempts at reafforestation – plantations consisting exclusively of imported, or exotic, trees like sitka spruce from North America – are being removed. And in the Highlands, as elsewhere in Scotland, evolving agricultural policies lay ever greater stress on environmental considerations. As is our nature, we tell ourselves that finally we're getting things right. Maybe. But the people who planted sitka were every bit as convinced of their rectitude as the people taking sitka away. In this contested country

Darling, eag-eòlaiche adhartach a dh'fhuirich 's a dh'obraich air Ghàidhealtachd mu mheadhon na ficheadamh linn, gun d'fhuair an talamh againn droch dhiol sgriosail. Agus bho shealladh saidhean-sail bha Fraser Darling ceart. Ged a bha buaidh aig atharrachaidhean ann an teas is uisge bho shean air cruth choilltean, gu ìre cur as do chraobhan a bha uair dùthchasach, bha buaidh aig daoine cuideachd – is gu tric buaidh mhòr – air mòran dhen chaochladh. Gu dearbh, tha sinn air na lorg ar sinnsreachd an seo bho chian atharrachadh 's a leasachadh gu ìre 's gur beag ris an can sinn ar dualchas nàdarra a tha fìor nàdarra. Chuir sinn as dhan mhathan, am biobhar, am madadh-allaidh is an iolair-mhara. Leag sinn coilltean daraich, beithe is giuthais, ach an corra chriomag a th'air fhagail an aitichean mar Gleann Afraic agus Srath Spè. Dh'fheuraich sinn cus a bharrachd sprèidh na bha ciallach – gu h-araid caoraich – air na slèibhtean loma a ghabh aite nan coilltean. Se a bhuil gum bheil an sumadh air mòran dhen Ghàidheal-tachd – ann an àireamh bheathaichean – air tuiteam gu dubh thar an da cheud bliadhna a dh'fhalbh.

An diugh tha sinn a' fiachainn ris an dolaidh a cheartachadh. Tha an iolair-mhara air ais agus is docha nach fhada gus am bi am biobhar. Tha coilltean dùthchasach gan ath-chur is a' sgapadh. Tha cuid dhen chiad àiteachas a dh'fhiach sinn, far nach eil ach craobhan coimheach mar giuthas sitka a Ameireaga, gan cur as. Agus air Ghàidhealtachd, mar an còrr de dh'Alba, tha polasaidhean àiteachais ùra a' sìor thoirt geill do cheistean àrainneachd. Mar is dual dhuinn, bidh sinn ag ràdha gum bheil sinn a' faighinn cùisean ceart mu dheireadh thall. Is dòcha. Ach bha an fheadhainn a chuir an sitka a cheart cho deimhinne gun robh iad ceart ris an fheadhainn a tha ga cur as. Anns an dùthaich bhruailleanach seo chan eil dad simplidh; is beag nach tog connspaid; tha ceistean brìgh is seallaidh is mìneachaidh an cois gach ni.

Faodaidh aite a th'air a mhilleadh a thaobh eag-eòlais a bhith àlainn cuideachd, mar a mhothaich Aldo Leopold, seise Frank Fraser Darling an Ameireaga. Bha e a' bruidhinn air àitichean mar Fàsach Mojave. Ach tha sin fìor cuideachd mun Ghàidhealtachd. Am fiaradh na grèine air feasgar samhraidh coimheadaidh gleann lom an ceann tuath Earraghaidheal neo taobh siar Rois an dearbh chaochladh air mìllte. A dh'aindeoin a dhol bhuaithe a thaobh eag-eòlais, tha dreach na tìre gar ruigheachd. Is ma thà, tha e leantainn gu bràth nar

nothing is straightforward; little is beyond contention; everything is a matter of emphasis, perspective, interpretation.

An ecologically wrecked locality, as noted by Aldo Leopold, America's equivalent of Frank Fraser Darling, can also be a beautiful one. Leopold was referring to places like the Mojave Desert. But the same holds true of the Highlands. In the slanting sunlight of a summer's evening, a treeless glen in North Argyll or Wester Ross looks quite the opposite of devastated. Irrespective of what's known about their ecological deterioration, then, our landscapes get to us. Having done so, they stick forever in our heads. That's why so much of what we call Highland culture – poems, songs, stories, novels, visual art – consists of celebrating, by one means or another, our physical surroundings.

So, for all that the Highland environment might be a lot more mucked-about with than we like to acknowledge, the Highlands, to most of us at any rate, remain appealing. This is a key factor in what is easily the most startling thing that's happened here in recent times: the transformation of our region, for so long a problem area economically, into a place that's growing both in population and prosperity.

Elsewhere in Scotland and beyond, many – perhaps most – folk have yet to catch up with this development. Sure, they agree, the

LOCH CORUISK, SKYE

By Sir David Murray, 1874

Inspired by the Romantic writings of Sir Walter Scott, 19th-century visitors were thrilled and awed by the savage beauty of the de-populated landscapes in the Highlands and Islands, as witnessed by this late 19th-century Scottish painter's dramatic interpretation of the Cuillin mountains towering above Loch Coruisk on the Isle of Skye.

NATIONAL GALLERY
OF SCOTLAND

n-inntinn. Is ann mar sin a tha mòran dhen dualchas Ghàidhealach – bàrdachd, òrain, sgeulachdan, nobhalan, dealbhan – a' moladh air dòigh air choireigin na tha mun cuairt oirnn.

Ged a bhiodh àrainneachd na Gàidhealtachd nas truaillte na bhios sinn ag aideachadh, dhan mhòr-chuid againn tha a' Ghàidhealtachd fhathast tlachdmhor. Seo priomh adhbhar an rud as ionagantaich a th'air tachairt an seo bho chionn ghoirid – mar a dh'atharraich ar dùthaich, a bha cho fada ann an trioblaid a thaobh eaconomaidh, gu cearna a tha a' fàs an da chuid ann an sluagh is beairteas.

Anns a' chòrr de dh'Alba is nas fhaide air falbh, tha mòran dhaoine – is docha a' mhòr-chuid – gun seo a thuigsinn fhathast. Gun teagamh, aidichidh iad, tha a' Ghàidhealtachd àlainn. Ach cha tig duine beò air seallaidhean, canaidh iad. Agus gu bho chionn fior ghoirid bha e doirbh cur an aghaidh sin. Roimh ar linn-ne, agus co-dhiùbh bhon ochdamh linn deug, bha eaconomaidh na Gàidhealtachd ann an èiginn gun lasachadh. Aig aon am, am nam Fuadaichean, chaidh ioma teaghlach Gàidhealach a sgiùrsadh as an dachaidh is a chur thairis an ìre mhath gan aindeoin. Ach fiu 's roimh na fuadaichean, is fada nan dèidh cuideachd, cha robh sruth na h-imrich mòran nas lugha. Air sgàth sin, tha bailtean a chaidh a thuineachadh le eilthirich Ghàidhealach feadh an t-saoghail air fad; tha iad mu thimcheall

'THE STORR: UNFOLDING LANDSCAPE' By NVA

This event in 2005 drew thousands of people to the Old Man of Storr on Skye, where an installation of light and music entertained audiences for over six weeks.

PHOTOGRAPH © ALAN McATEER

Highlands look nice. But no one, they add, can live on scenery. And that, until very recently, was hard to argue with. Prior to our own time, and since at least the eighteenth century, the Highland economy was in semi-perpetual crisis. At one period, the period of the Highland Clearances, many Highland families were ejected forcibly from their homes and, in some instances, shipped more or less compulsorily overseas. But even before the clearances, and long after them as well, the rate of outflow wasn't noticeably less. All around the world, in consequence, there are communities founded by Highland emigrants: in the Cape Fear River country of North Carolina where the first Highlanders arrived as early as the 1730s; here, there and everywhere in Canada; in a dozen other countries also. No emigrant destination – as a winter's day spent on the Canadian prairies will instantly convince you – ever flowed with milk and honey. But in comparison with the Highlands, even the roughest, toughest parts of North America were promised lands – places offering opportunities of a kind denied to Highlanders at home.

Ours, I began, is a contested country. For generations of its people, as the emigration record shows, it was also a country to be fled from. Into the 1950s and 1960s, and often a lot later, Highlanders – myself and my contemporaries among them – were encouraged to believe that good jobs and good prospects were mostly to be gained by getting out. In the circumstances we found ourselves, this was demonstrably the case. So lots of us left. Some, doing what hundreds of thousands of Highlanders had done already, went abroad; others headed for England; still more – perhaps the largest group – settled in Glasgow, Edinburgh and other Lowland centres. Irrespective of where they went, however, all those people's reasons for going were fundamentally the same. They wanted to have access to something that was as difficult to find in the Highlands of the 1960s as it had been in the Highlands of the 1860s or 1760s – this something being a worthwhile income, a good standard of living.

Now – and again the contested country theme is relevant – it's the Highlands that are thought increasingly to have the edge in this respect. For the first time in many hundreds of years, far more people are today moving into our area than are quitting the place. They love it here, they tell you, these folk. Look at those mountains! Breathe

Abhainn Cape Fear an Carolina a Tuath far an d'rainig na Gàidheil bho thùs cho trath ris na 1730an; tha iad thall 's a bhos feadh Chanada; agus ann an dusan dùthaich eile cuideachd. Cha robh ceann-uidhe eilthirich riamh a' cur thairis le mil is siùcair – dearbhaidh latha geamhraidh air prèiridhean Chanada sin dhuit. Ach an taca ris a' Ghàidhealtachd b'e tìr a' gheallaidh a bh'anns na cearnan bu bhorba 's bu chruaidhe an Ameireaga a Tuath – cearnan a bha a' tathainn cothroman de sheòrsa nach fhaighte aig an taigh.

Se tìr fo dheasbad a th'againne, thòisich mi. Do ghinealaichean de dhaoine b'e cuideachd tìr as am b'fheudar teicheadh, mar a tha eachdraidh eilthireachd a' nochdadh. Anns na 1960an is na 1970an, is gu tric an dèidh sin, bhathar a' toirt a chreidsinn air Gàidheil – mi-fhein 's mo cho-aoisean nam measg – gur e an imrich bu docha deagh obair is adhartas a chosnadh. Anns an t-suidheachadh san robh sinn, bha seo follaiseach. Mar sin dh'fhàg mòran againn. Rinn cuid cleas nan ceudan mile Ghàidheal rompa is chaidh iad thairis; rinn cuid eile air Sasainn; sheatlaig feadhainn eile – is docha a' mhòr-chuid – an Glaschu is Dun-eideann is bailtean eile air Ghalldachd. Ach coma càite an deach iad b'e an ìre mhath an aon adhbhar a bh'aca uile son falbh. Bha iad ag iarraidh cothrom air rud-eigin a bha cho doirbh fhaotainn air Gàidhealtachd nan 1960an is a bha e air Gàidhealtachd nan 1860an neo nan 1760an – agus b'e an rud sin tuarasdal a b'fhiach agus deagh bheò-shlaint.

Ach a nise – agus seo tìr fo dheasbad againn a-rithist – tha barail a' sìor fhas gur ann aig a' Ghàidhealtachd a tha lamh-an-uachdair a thaobh beò-shlaint. Son a' chiad turas an iomadach ceud bliadhna tha mòran a bharrachd dhaoine a' gluasad a-staigh dhan aite na tha ga fhàgail. Tha gaol aca air, canaidh iad riut. Seall na beanntan! Tarraing d'anail! Smaoinich air na truaghain bhochda a tha fhathast mu dheas is a' cosg tri neo ceithir uairean dhen latha a-mach 's a-staigh a Lunnainn! Nach bochd, nach bochd, nach tainig sinn na bu tràithe!

De is ciall dhan chaochladh beachd as ùire seo? Ciamar a tha a' Ghàidhealtachd, is i cho fada le ainm mar bhoglach eaconomach, air tòiseachadh air cuid de bhuadhan cearn adhartach fhaighinn? Se pàirt dhen adhbhar gum bheil moran againn air tomhaisean air deagh dhòigh beatha ath-mhìneachadh ann an dòighean a tha a' toirt lamh-an-uachdar do chearnan dùthchail – is iad meadhonach neo-thruaillte,

that air! Think about the poor sods still down south and spending three, four hours a day commuting in and out of London! If only, oh if only, we'd come sooner!

What's caused this latest change in perception? How have the Highlands, long labelled an economic basket case, begun to acquire some of the characteristics of a boom area? A part of the explanation stems from many of us having redefined concepts like quality of life in ways that give essentially rural localities like the Highlands – comparatively unpolluted, comparatively uncongested, comparatively safe and crime-free – an advantage over cities that previously possessed far more pulling power. To this extent, and by way of demolishing yesterday's received wisdom, the modern Highlands are demonstrating that you can, after all, live on – or at least prosper because of your proximity to – scenery.

But our possessing the sort of countryside that (Frank Fraser Darling notwithstanding) is generally thought unspoiled would not, of itself, have altered our fortunes all that markedly. Equally crucial has been the extent to which we've gained from improved linkages with the rest of Scotland, the rest of the United Kingdom, the rest of the world. We have improved roads, better air services; above all, we are beneficiaries of advances in telecommunications and information technology. The person who sits comfortably in his or her croft house while making a fortune speculating on the metals future market – courtesy of a second-hand PC, a modestly-priced modem and a broadband phone connection – is, to be sure, a bit of a Highland myth. But like all good myths, this one embodies a truth. Those 'connected communities' where home-grown companies trade internationally on the worldwide web are not wholly a creation of development agency propaganda. A highly dispersed and IT-reliant University of the Highlands and Islands is, or shortly will be, a reality. Inward investment is not merely dreamt about; it has occurred, is occurring, and will occur further. The twenty-first-century Highlands, in short, are very much on the up and up.

This is evident statistically. During the last forty years, a period when Scotland's overall population has been at best static, the population of the Highlands and Islands has grown by a fifth. In more favoured places, such as Skye, the increase has been in the order of

gun cus sluaigh, agus meadhonach sàbhailte is saor o eucoir – thar
na bailtean mòra aig an robh uair mòran a bharrachd tarraing. Gu an
ìre seo chuireadh as do ghliocas an latha'n de, agus tha Gàidhealtachd
an latha'n diugh a' sealltainn gun urrainn dhuit tighinn beò air
àilleachd dùthcha – neo co-dhiubh gun soirbhich leat le bhith faisg air.

Ach ged a tha an seòrsa dùthaich againn a thathar mar as trice
ga mheas neo-thruaillte (a dh'aindeoin Frank Fraser Darling), cha
deanadh sin leis fhein cus difir nar crannchur. Tha an ìre gum bheil
sinn air buannachd bho cheanglaichean nas fheàrr ris a' chòrr de
dh'Alba, is Breatainn, is an saoghal, a cheart cho cudtromach. Tha
ràthaidean nas fheàrr againn agus seirbhisean adhair; ach gu h-araid
tha sinn air buannachd a adhartas ann an tele-chonaltradh agus
teicneòlas fiosrachaidh. Is dòcha gur ann do shaoghal nan uirsgeul a
bhuineas an neach a tha a' suidhe gu cofhurtail an taigh croite, is a'
deanamh fortan a margadh nam meatailtean – taing do sheann PC,
modam saor agus bann leathann. Ach mar ioma deagh uirsgeul, tha
freumhag fìrinn ann. Cha deach 'na coimhearsnachdan ceangailte',
far am bheil companaidhean a dh'fhas gu h-ionadail ri malairt eadar-
naiseanta air an eadar-lion, a chruthachadh gu buileach le propaganda
buidhnean leasachaidh. Tha Oilthigh na Gàidhealtachd is nan Eilean,
is e sgapte gu mòr is an comain teicneolas fiosrachaidh, am bith, neo
bidh a dh'aithghearr. Chan e bruadar a th'ann an airgead-tasgaidh a
bhith a' tighinn mu thuath; tha e a' tachairt is tachraidh barrachd
dheth. Ann an facal, tha Gàidhealtachd na h-aon air fhicheadamh
linn a' sìor shoirbheachadh.

Tha seo follaiseach bho àireamhan. Feadh an da fhichead bliadhna
a dh'fhalbh, nuair a bha sluagh Alba air fad car mun aon ire,
mheudaich sluagh na Gaidhealtachd is nan Eilean an coigeamh cuid.
Anns na cearnan a b'fheàrr, leithid an Eilein Sgitheanaich, bha an
t-àrdachadh mu 50 sa cheud. Se Inbhirnis, ceann-bhaile na Gàidheal-
tachd, fear dhe na bailtean as luaithe a tha fàs am Breatainn. An
taca ris na 1960an tha an àireamh dhaoine ann an cosnadh air
Ghàidhealtachd air eirigh còrr is an darna leth. Tha an eaconomaidh
mòran nas farsainge. Agus tha a' chuid gun chosnadh, a bha uair na
b'àirde na feadh Alba air fad, air a bhith nas ìsle na tomhas Alba son
grunn bhliadhnaichean – rud a bha air a bhith do-chreidsinneach
bho chionn beagan ùine.

Influx of new Highlanders puts an end to slump in population

NEWS FOCUS: A decline in the number of people in the north of Scotland has been reversed in two years, reports David Ross

THE demographic timebomb that threatened to leave the Highlands with a declining and ageing population is being defused.

A summit being held in Inverness tomorrow by public agencies will be told there has been an influx of new Highlanders, a mix of Eastern Europeans and incomers from south of the border.

The change is so dramatic that, after English and Gaelic, Polish and German are now the most common languages among school pupils in the Highlands.

Just two years ago, the first Highland population summit was convened amid fears of a demographic crisis.

Official projections held then that the number of young people aged 14 or under in the Highlands would fall by almost 50% by 2018, while there would be a 44% increase in the number of over-75s in the area. This would produce a huge age imbalance within the population, which overall would be falling by 800 a year.

However, research to be presented tomorrow shows a different picture. In the middle of last year the population in the area covered by the Highland Council, far from falling, stood at 213,590. This was some 2250 more than the estimates of the previous year and 4670 more than at the time of the census in 2001.

According to figures released last month by the General Registers Office for Scotland, over the past year Highland has had the largest population increase of all Scottish local authorities. The 1.1% rise ranks it alongside Aberdeenshire and Falkirk.

Since 2004, it is estimated that there are 90 fewer 0-15 year-olds, 1471 more 16-64 year-olds and 869 more people aged 65 or over in the Highland area.

While there is concern at the continued decline in young people and children, with deaths still outweighing births, there are more people coming to stay in the Highlands now than are leaving.

From 2002-2004 there was a net gain from England and Wales of 2406 each year, with the biggest gain in the 35-39 age group. Meanwhile, despite the spectre of English pensioners overwhelming some Highland communities, the smallest gains overall have been in the retired population.

There have also been claims that the Polish population in the Highlands is now 5000.

However, according to Carron McDiarmid, Highland Council's head of policy: "Nobody knows the true number. The best information we have comes from National Insurance registrations, although they could underreport the figure because they only count the worker registering, not any additional family.

"Equally, they could inflate the figure. When somebody registers, they have that number for ever even if they leave."

The registrations did show that inward migration to the Highland area increased from 225 in 2001 to 3260 in 2005, with 1305 or 40% coming from the European accession states.

Ms McDiarmid added: "We also know that around 40% of those coming to the Highlands come to Inverness."

Across the whole Highlands and Islands there were over 5000 inward migrants in 2005/2006, with 69% coming from Poland. Most (82%) were aged 18 to 34.

It comes as it is estimated up to 350,000 Poles have arrived in the UK over the past two years. Experts say it is one of the biggest influxes of a population ever seen in Britain.

Meanwhile, in this current year some 627 pupils in Highland schools do not have English as their first language.

German is the most common alternative with 62 pupils, followed by Polish (58); Bengali (52); Cantonese (42); and French (40).

The summit is to help public agencies design services, from housing to health care, to meet the demands of their now growing and increasingly diverse community.

David Alston, chairman of the Highland Council's renewing democracy committee, initiated the call for the first Highland population summit.

He said: "Our future is as one Highlands with many cultures and the success of the twenty-first century Highlands will be built on the welcome we extend to the strangers who will become our new neighbours."

WORKING OUT A NEW LIFE: Rusdolf Hvizdos moved to Ullapool in Wester Ross from Slovakia after finding a job on the internet. Picture: Peter Jolly

Boom time
Highland and Scotland population change 1995-2005

Slovakian graduate is happy to take bar work in Ullapool

DAVID ROSS

RUSDOLF Hvizdos, 28, is a graduate of psychology and education from Slovakia but is currently working as a barman and shop assistant in the Highlands.

He is from Trnava, a town of around 75,000 in the south-west of Slovakia.

A graduate from the University of Nitra, he has been working in Ullapool, Wester Ross, for the past 18 months as a barman at the Ceilidh Place.

Rusdolf and his girlfriend learned from the internet that the well-known venue was looking for staff. They arrived via Ireland.

He has embarked on a new career in Ullapool in a shop specialising in outdoor clothing.

"I always wanted to come to Scotland having heard about things like Loch Ness for many years," he said.

"But in the end it was because I wanted to improve my English, the opportunity to get a job and make some money and also to travel.

"Before I left Slovakia I had been working with orphans who had behaviour problems.

"Ullapool is a tiny village and it is a very peaceful life, but I like it here.

"It has everything – leisure centre, library, bank. I don't know how long I will stay. I don't plan these things.

"I don't think I will stay for ever but I am not thinking about going home yet.

"I am enjoying myself. Wages here are also triple what they are in Slovakia."

---

fifty per cent. Inverness, the Highland capital, is one of Britain's most rapidly expanding cities. When compared with the 1960s, the number of people in work in the Highlands and Islands has risen by more than half. Our economy has diversified enormously. And our unemployment rate, once a multiple of its all-Scotland equivalent, has been below the Scottish rate for several years – something that, not long ago, would have seemed so unlikely as to be unimaginable.

Intriguingly, some of our many expatriates appear almost to resent this Highland upturn – possibly because of its having deprived them, in part at least, of their rationale for being where they are. In days gone by, Highland exiles could foregather happily in pubs off Glasgow's Byres Road – and in equivalent establishments in Sydney or Vancouver – where they'd sing bitter-sweet songs about the Cuillin and tell each other, in the secure knowledge that such a thing was improbable, how wonderful it would be if they could only earn a living back home. Now when you're told by someone in the Lowlands that still their blood is strong, their heart is Highland, it's tempting to ask the obvious question: Well, why don't you do what thousands of others are doing and move north?

Gu h-annasach, tha cuid dhen dh'fhalbh cha mhòr car diumbach mun phiseach seo air Ghàidhealtachd – is docha a chionn 's gun tug e bhuapa gu ìre an adhbhar son a bhith far am bheil iad. Anns na làithean a bh'ann, dh'fhaodadh eilthirich Ghàidhealach cruinneachadh gu sona an taighean-seinnse far Byers Road an Glaschu – neo an Sydney neo Vancouver – far an seinneadh iad òrain chianail mun Chuilthionn 's a chanadh iad ri cheile, is fios cinnt aca gun robh a leithid do-dheanta, cho miorbhaileach 's a bhiodh e nam b'urrainn dhaibh cosnadh a dheanamh aig an taigh. Nise nuair a dh'innseas cuideigin air Ghalldachd dhuit gum bheil am fuil 's an cridhe fhathast Gàidhealach, tha ceist fhollaiseach doirbh a casg: Seadh, is carson nach gluaisibh mu thuath cleas mhìltean eile?

Fiu 's gun a' cheist fhoighneachd, gheibh thu freagairt. Chan ionnan a' Ghàidhealtachd 's mar bhà, canaidh iad. Tha pris thaighean neo-chumadail àrd. Tha tuathanais gaoithe is tuathanais eisg is bungaloan grannda ùra anns gach oisean. Chan eil duine ag àiteach an fhearainn. Cha chluinn thu ach blas na Beurla – neo nas miosa – Pòlais. Chan i a' Ghàidhealtachd a th'ann tuilleadh.

A dh'aindeoin am blas cinneadail, the fìrinn ann am fear neo dha dhe na h-agartasan sin. Se cion dachaidhean saora – gum bheil e a' fas do-dheanta, gu dearbh, dachaidh de sheòrsa sam bith a lorg – an cuis-nàire as motha air Ghàidhealtachd an latha'n diugh. Ach nuair a tha thu air mòran dhe do bheatha chur seachad air Ghàidhealtachd, mar a rinn mise; mas cuimhne leat, mar is cuimhne leam-sa, mar a

Even when the question remains unspoken, you get an answer. The Highlands, you're told, aren't what they were. House prices have skyrocketed. There are wind farms, fish farms, and horrible new bungalows round every corner. Nobody's working the land. All you hear are English or – worse still – Polish accents. The Highlands really aren't the Highlands any more.

Setting aside their racist tinge, there's truth in one or two of those assertions. Our lack of affordable homes – the growing impossibility, in fact, of finding a home of any kind – is the great Highland scandal of modern times. But when you've spent, as I've done, much of your life in the Highlands; when you can remember, as I can, how the place was when everyone was leaving; when you've been involved a bit, as I've been, in efforts to promote regeneration; and when you see, as all of us can, regeneration getting underway; then there's a real kick to be had from the fact that the Highlands are at last importing, not exporting, people.

Back in the 1960s an anthropologist called Hugh Brody wrote a book entitled *Inishkillane*. Brody, this then being the fashion in social science, was a practitioner of participant observation. In other words, he lived among the folk he studied – in this instance the inhabitants of a village in the west of Ireland. Like its Highland counterparts, this village – whose name Brody fictionalised – had suffered from protracted depopulation. As a result, Hugh Brody commented, Inishkillane's remaining inhabitants had become deeply demoralised. 'They feel outside their social system,' Brody wrote, 'and they have no faith in its continuing.' Brody went on: 'Only with the presence of the tourists for a few summer weeks is the prolonged withdrawal and quiet of the Irish countryside much interrupted. What tourists bring each year are numbers, girls, money and reassurance. It is the last of these which is the most important.'

Of course, Hugh Brody conceded, tourism's seasonal boost to Inishkillane was partly a matter of there being many more folk than usual – children and young people in particular – to be seen about the place. Suddenly shops were busy and pubs crowded. But tourism's real gift to Inishkillane, Brody concluded, lay less in this sort of thing than in its temporary overturning of Inishkillane people's standard assumptions about the comparative worthlessness, as they saw it, of

bha an t-àite nuair a bha a h-uile duine a' fàgail; nuair a bha thu an sàs, mar a bha mise, ann an oidhirpean air ath-leasachadh; agus nuair a chì thu, mar a chì sinn uile, ath-leasachadh a' dol air adhart; nuairsin is e fìor thogail a th'ann gum bheil daoine a' tighinn a-staigh dhan Ghàidhealtachd seach a bhith a' falbh bhuaipe.

Anns na 1960an sgrìobh daonn-eòlaiche ris an cainte Hugh Brody leabhar fon tiotal *Inishkillane*. Lean Brody am fasan aig an am anns na saidheansan soisealta a bhith a' gabhail pàirt na chnuasachd. Se sin, dh'fhuirich e a-measg na daoine a bha e a' sgrùdadh – muinntir baile beag air taobh siar na h-Eireann. Mar a leithidean air Ghàidhealtachd, bha am baile seo – air an tug Brody far-ainm – air sluagh a shìor chall thar ùine. B'e a bhuil, thuirt Brody, gun robh an fheadhainn a dh'fhan an Inishkillane air misneachd a chall gu mòr. 'Tha iad a' faireachadh taobh a-muigh an siostam soisealta aca,' sgrìobh Brody, 'agus chan eil earbsa aca gun lean e.' Lean Brody air: 'Is ann a-mhàin nuair a tha luchd-turais an làthair son beagan sheachdainean as t-samhradh a tha an sprochd fhada agus sàmhchair na dùthcha an Eirinn gu ìre a' togail. Leis an luchd-turais gach bliadhna tha àireamh sluaigh is caileagan is airgead is misneachd a' tighinn. Se am fear mu dheireadh dhiubh sin as cudtromaich.'

Gun teagamh, dh'aidich Hugh Brody, bha an togail aimsireil a bha turasachd a' toirt do dh'Inishkillane gu ìre los gun robh moran a bharrachd dhaoine na an àbhaist – gu h-àraid clann is daoine oga – ri fhaicinn mun àite. Gu h-obann bha bùithnean is taighean-seinnse trang. Ach cha b'e seo fìor luach turasachd do dh'Inishkillane, a reir Brody, ach gun do chuir e car son greiseag dhen tuigse àbhaisteach a bh' aig muinntir an àite mu cho beag luach, nam beachd-san, 's a bha an doigh beatha air fad. 'Comhla ri ... crìonadh soisealta is teanntachd eaconomach,' sgrìobh Hugh Brody, 'tha teagamh làidir air fàs mun bhuannachd is an luach a th'ann a bhith a' fuireach 's ag obair ann an coimhearsnachd bheag air an dùthaich .... Ach tha an luchd-turais, ge-ta, a' dearbhadh am meas a *th'aca-san* son an àrainneachd dhùthchail is a dhòighean .... Tha teachd nan coigreach sin, riochdairean de mhodhan soisealta is dualchasach a tha luchd na dùthcha a' faireachadh a tha gun teagamh nas fheàrr na an fheadhainn aca fhein, a' toirt earbsa as ùr dhaibh nan dualchas is an cultar fhein.'

their whole way of life. 'Alongside ... social atrophy and economic contraction,' Hugh Brody observed, 'there has developed a strong lack of conviction about the advantage, merit or desirability of living and working in a small rural community .... What the tourists do, however, is to affirm *their* esteem for the rural milieu and its ways .... The presence of these outsiders, these representatives of the social and cultural forms which the country people so ... unquestioningly assume to be superior to their own, thus gives a renewed confidence in their own society and culture.'

I've known plenty of Inishkillanes in the Highlands. What I most like about the incomers who have settled in them is the extent to which, for reasons akin to those mentioned by Brody, those incomers have helped bring some of our Inishkillanes back to life – not just in each July and August, but for twelve months out of twelve.

Sure, in my more sentimental moments I think it would be good if the repopulation now occurring in the north of Scotland was spearheaded by descendants of our innumerable emigrants. But because most of them are well set up elsewhere, this isn't going to happen. Future new Highlanders will consist overwhelmingly – as do new Highlanders already here – of people who have absolutely no ancestral connection with our area. To begin with, in the 1970s, 1980s and 1990s, a majority of immigrants to the Highlands came from other parts of the United Kingdom. Now they come increasingly from overseas – with the result that the number of first languages spoken in Highland Council schools has shot up to over fifty. As Highland backgrounds thus become more varied, will there be some impact on whatever is meant by Highland culture? Indubitably. But why panic about this? No area, ours included, has ever existed in anything akin to isolation.

When 2007 was designated Scotland's Year of Highland Culture by the Scottish Executive, ensuing debate as to this culture's origins tended to identify two especially important strands in our inheritance from the past: one Gaelic, the other Norse. Properly, both Norse and Gaelic are – or, in the Norse case, were – languages. In relation to the Year of Highland Culture, however, the words 'Gaelic' and 'Norse' aren't used in this narrow sense. When Norse or Gaelic are deployed in a Year of Highland Culture context, what's asserted or implied is

B'aithne dhomh mòran Inishkillanean air Ghàidhealtachd. An rud as fheàrr leam mu na coigrich a th'air seatlaigeadh unnta is e an ire gum bheil iad, air adhbharan coltach ris an fheadhainn a dh'ainmich Brody, air na h-Inishkillanean againne a thoirt beò as ùr – chan ann direach san Iuchair agus an Lùnasdal, ach son dusan mios sa bhliadhna.

Gun teagamh, corr uair bidh mi a' faireachadh nam chridhe gum bu mhath nam b'e sliochd nan eilthireach gun àireamh againn a bha air ceann ath-thuineachadh ceann tuath na h-Alba an ceartuair. Ach a chionn 's gum bheil a' mhòr-chuid dhiubh gu cofhurtail an àiteigin eile, cha tachair seo. Buinidh a' mhòr-chuid dhe na Gàidheil ùra ri teachd – mar na Gàidheil ura th'ann mu thràth – do shluagh aig nach eil ceangal sam bith a thaobh sinnsreachd ris an àite. An toiseach, anns na 1970an is na 1980an is na 1990an, bha a' mhòr-chuid de luchd-imrich dhan Ghàidhealtachd a cearnan eile de Bhreatainn. Nise tha iad a' sìor thighinn thar chuantan – agus is e a bhuil gum bheil an àireamh de chanain mhathaireil an sgoiltean na Gàidhealtachd air eirigh gu còrr is leth-cheud. Mar a bhios sinnsreachd na Gàidheal-tachd a' sìor atharrachadh, am bi buaidh aig seo air ga b'e de tha sinn a' ciallachadh leis an dualchas Ghàidhealach? Gun teagamh. Ach coma leinn dhol nar boil. Cha robh cearna riamh, is sinne nam measg, beò an aonranachd neo faisg air.

Nuair a dh'ainmich Riaghaltas na h-Alba 2007 mar Bhliadhna Cultar na Gàidhealtachd bha an deasbad a lean mu fhreumhan a' chultair dualach da dhual dhe ar dualchas o shean a mheas gu h-araid cudtromach; fear dhiubh Gàidhlig, is am fear eile Lochlannach. Se cànain priomh chiall an da fhacal. Ach a thaobh Bliadhna Chultar na Gàidhealtachd chan eil iad air an cleachdadh anns an t-seagh chumhang seo. Nuair a tha 'Lochlannach' neo 'Gaidhlig' air an cleachdadh a thaobh Bliadhna Chultar na Gàidhealtachd, 's e tha ri thuigsinn gun robh buaidh de sheorsa air choireigin aca air a' mhòr-chuid a tha a' fuireach air Ghàidhealtachd 's anns na h-Eileanan. Tha an sealladh is am feallsanachd againne aig am bheil freumhan san àite gu h-àraid air an cumadh leis a' bhuaidh mhor a bh' aig luchd-bruidhne Lochlannaich is Gaidhlig air ar n-eachdraidh. Ma ghabhas sinn ri seo, agus ma tha mòran dhe na tha air leth mu ar dùthaich a' sìoladh bho Ghàidhlig neo Lochlannach, tha rudeigin car beag dà-aodannach mun ghearain is tric a chluinnear – gum bheil cultar, neo

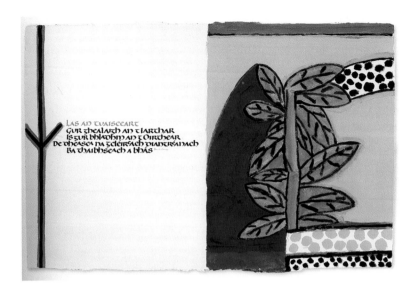

PAGE FROM *AN LEABHAR MÒR* [*THE GREAT BOOK OF GAELIC*]

Malcolm Maclean and Theo Dorgan (eds) (Canongate Books and Pròiseact nan Ealan [The Gaelic Arts Agency]: 2002)

Dallan Forgaill's elegy for St Columba and William Crozier's artwork. The 6th-century bard's poem is the earliest work in Gaelic to survive more or less in the form in which it was composed. Ancient meets modern in this exciting and imaginative arts project involving poets, artists and calligraphers.

© CANONGATE BOOKS/PRÒISEACT NAN EALAN [THE GAELIC ARTS AGENCY]

that most people living in the Highlands and Islands, certainly those of us whose roots are here, have somehow been influenced – in outlook and ethos – by the fact that Norse-speakers and Gaelic-speakers loom large in our history. If this argument is accepted, and if much that's distinctive about our area is truly of Gaelic or Norse provenance, then there's something a little bit hypocritical about the frequently heard assertion that the indigenous culture, or cultures, of the Highlands and Islands are under threat from incomers – both the Norse and Gaelic languages having themselves been brought here by immigrants.

Gaelic-speakers, or Gaels, from Ireland began moving into our area some fifteen or sixteen centuries ago. Norse-speakers, or Vikings, from Scandinavia arrived a little later. In the wake of these successive incursions, Pictish, previously the mostly widely spoken language in the Highlands and Islands, was eradicated. And since Vikings were militarily more competent than Gaels, to start with anyway, Gaelic soon looked likely to suffer the same fate.

Today it's common to hear that Shetland, Orkney and Caithness are uniquely Norse or Viking in character – with most of the rest of the Highlands and Islands deriving their culture from Gaels. In reality things are more complicated – no part of northern Scotland being the preserve of any one ethnicity. Pictish may have vanished more than a millennium ago. Picts themselves did not. They were simply assimilated into newly dominant groups. Nor did the linguistic frontier

cultaran, dùthchasach na Gàidhealtachd is nan Eilean fo chunnart
bho choigrich thighinn dhan àite. Bha an dà chànan, Lochlannach is
Gàidhlig, air an toirt an seo le daoine thainig a-staigh dhan àite.

Thòisich Gàidheil a Eirinn air gluasad a-staigh do ar dùthaich bho
chionn coig neo sia deug ceud bliadhna air ais. Ràinig na Loch-
lannaich a Lochlann beagan an dèidh sin. Ri linn nan ionnsaighean
sin an deidh a chèile, chuireadh as do Chruithnis, a' chànan bu
chumanta feadh na Gàidhealtachd roimhe sin. Agus a chionn 's gun
robh na Lochlannaich na bu chomasaich air cogadh na na Gàidheil,
air thùs co-dhiubh, bha coltas ann gum fuilingeadh Gàidhlig air an
aon dòigh.

An diugh cluinnear gu tric gum bheil Sealtainn, Arcaibh is
Gallaibh air leth Lochlannach nan nàdar – leis a' mhòr-chuid dhen
chorr dhen Ghàidhealtachd is nan Eilean a' toirt an dualchas bho na
Gàidheil. Se an fhìrinn gum bheil cùisean nas duilghe na sin – cha
bhuin cearna sam bith de cheann tuath Alba do aon chinneadh a-
mhain. Is docha gun deach Cruithnis a bith bho chionn còrr is mìle
bliadhna. Ach cha deach na Cruithnich. Chaidh an slugadh a-staigh
leis na buidhnean ùra a ghabh buaidh. Cha mhotha a bha na crìochan
cainnte eadar Lochlannais is Gàidhlig a' tighinn a reir na crìche eadar
Galllaibh, Arcaibh is Sealtainn air an darna taobh, agus an corr dhen
Ghàidhealtachd is nan Eilean air an taobh eile. Bha an t-Eilean
Sgitheanach, mar a bha Innse Gall air fad, na phàirt de Lochlann nas
fhaide na tha e a bhith na phairt de Bhreatainn thuige seo. Agus

between Norse and Gaelic in any way correspond to that between Caithness, Orkney and Shetland on one side, the rest of the Highlands and Islands on the other. Skye, like the Hebrides as a whole, was part of Norway for longer than it has so far been part of the United Kingdom. Lewis, though now one of the Gaelic language's few remaining strongholds, was so heavily settled by Vikings that virtually all its placenames are Norse. Conversely, placenames in Aberdeenshire, Fife and other non-Highland localities are often Gaelic in origin. This pattern of placename distribution – Gaelic names common in Fife, Scandinavian names predominating in Lewis – stems from a time, roughly a thousand years ago, when Lowland Scotland was ruled by Gaelic-speaking kings, but when the Highlands and Islands, or a large part of them, were not.

Scotland, to underline something so obvious that it's often over-looked, is the land of Scots. And the word 'Scots' comes from the Latin *Scoti*, the name given by the Romans to those Gaelic-speaking people who began arriving in the country we call Scotland – a country the Romans knew as *Caledonia* and a country the Gaels themselves called *Alba* – at about the time the Roman Empire was beginning to fall apart. Caledonia became *Scotia* or Scotland when – several centuries after first getting here – the Gaels, their political supremacy initially confined to what is now Argyll, managed to extend this supremacy into Perthshire, Lothian, Strathclyde, Galloway and the Borders. But if, in this Year of Highland Culture, it's appropriate to recall that the Scottish kingdom was created by Gaels, it's equally appropriate to stress that the Gaelic language soon lost its early pre-eminence in the political entity thus established. When they took over the Lothians, including Edinburgh, the Gaels also took over the northern component of the earlier kingdom of Northumbria. And since Northumbria owed its existence to Anglo-Saxon invaders from the continent, its language was the Germanic tongue that evolved into what's nowadays called Scots or Broad Scots. During the twelfth and thirteenth centuries, this language, which had survived alongside Gaelic, began to take Gaelic's place everywhere to the south and east of the Highland hills. Although Gaelic's retreat was compensated for by Gaelic itself replacing Norse across most of the Highland main-land and in the Hebrides, a linguistic divide that was to endure into

ged is e Leòdhas a nise fear dhe na daingneachan th'air fhàgail aig Gàidhlig, bha e uair air a thuineachadh cho mòr le Lochlannaich is gum bheil na h-ainmean-àitichean gu ìre mhòr Lochlannach. Tha sgaoilteach nan ainmean-àitichean – ainmean Gàidhlig cumanta am Fiobha, ainmean Lochlannach nas pailte an Leòdhas – a' tighinn bho am, car mu mhìle bliadhna bhuaithe, nuair a bha Galldachd Alba fo rìghrean le Gàidhlig, ach cha robh a' mhòr-chuid dhen Ghàidhealtachd is nan Eilean.

Se Alba tìr nan Albannach, rud a tha soilleir gu leòir ach a thathar tric a' dearmad. Agus tha am facal 'Scots' a' tighinn bhon Laideann *Scoti*, an t-ainm a thug na Ròmanaich air na daoine le Gàidhlig a bha a' ruigheachd Alba – duthaich a b'aithne dha na Ròmanaich mar *Caledonia* is air an tug na Gàidheil fhein *Alba* – mun am a bha Impireachd na Roimhe a' tòiseachadh air sgaoileadh as a cheile. Dh'atharraich Caledonia gu *Scotia* neo Scotland nuair a chaidh aig na Gàidheil – corra linn an dèidh tighinn an seo – air an smachd poiliticeach, a bha an tùs stèidhichte an Earra-ghaidheal, a sgaoileadh gu Siorrachd Pheairt, Lòdainn, Srath-chluaidh, A' Ghall-ghaidhealtachd agus na Criochan. Ach ma tha e iomchaidh, ann am Bliadhna Chultar na Gàidhealtachd, cuimhneachadh gun deach rìoghachd Alba a chruthachadh leis na Gàidheil, tha e a cheart cho iomchaidh a radha nach b'fhada gus na chaill Gàidhlig am priomhachas a bh'aice an toiseach san t-saoghal phoiliticeach a stèidhichte. Nuair a ghabh iad thairis Lòdainn, le Dun-eideann, ghabh na Gàidheil cuideachd thairis a' chuid mu thuath de rìoghachd Northumbria a bh'ann roimhe. Agus a chionn 's gur e coigrich Anglo-Sacsannach bho thir-mòr na h-Eòrpa a steidhich Northumbria, b'i a' chainnt Ghearmailteach a th'air atharrachadh gu Albais an latha'n diugh a chànan. Feadh an darna is an treas linn deug thoisich a' chanan seo, a bha beò comhla ri Gàidhlig, air àite na Gàidhlig a ghabhail anns gach cearna deas is an ear air beanntan na Gàidhealtachd. Ged a rinn Gàidhlig suas son a' ruaig seo le àite Lochlannais a ghabhail anns a' mhor-chuid de thir-mòr na Gàidhealtachd is an Innse Gall, bha crìoch chànanach a mhair gu bho chionn ghoirid co-ionnan ris a' chrìoch a bha sgaradh dùthaich nam beanntan bho mhachraichean ìseal na h-Alba.

Ach cha b'ann direach a chionn 's gun robh iad a' sior chleach-dadh difir chànanan a bha bearn a' fosgladh eadar Gàidheal is Gall.

modern times now ran along the line separating Scotland's mountain country from its lower-lying districts.

Nor was the developing rift between Highlander and Lowlander merely a matter of their increasingly speaking different languages. The Lowlands, from a relatively early point, were more or less firmly controlled by the Scottish kingdom's Edinburgh-based monarchy. The Hebrides were under Norwegian jurisdiction until the mid-thirteenth century; while Orkney and Shetland remained subject to Scandinavian rule until the 1460s. In the Northern Isles, as in Caithness where Scottish sovereignty was imposed earlier, Norse or Norn – the name given to the Viking-derived language spoken for centuries in those places – gradually gave way to the Norn-influenced dialects of Broad Scots presently called Shetlandic, Orcadian and the like. Outwith this north-eastern corner, however, the Highlands and Islands remained largely Gaelic-speaking. And in the *Gaidhealtachd* or Gaelic-speaking area, although all of it was nominally subject to the Scottish monarchy's authority by the thirteenth century's close, the influence of Scotland's kings in faraway Edinburgh was to remain for ages tenuous at best. In the *Gaidhealtachd*, power rested less with the Scottish state than with quasi-tribal groupings known as clans. Here clan chiefs mattered more than monarchs. Here Gaelic culture – whether in the shape of the poems composed by bards, the ancient stories kept alive by semi-professional tradition-bearers, or the music made by harpists and, in time, pipers – continued to flourish.

This, from an Edinburgh standpoint, was an unacceptable state of affairs. Governments, and the Scottish government was no exception, don't like to have rival power centres inside their national borders. For several centuries, it followed, the Highlands and Islands – our contested country – were contested frequently in battle. Nor did the struggle for Highland supremacy always go Edinburgh's way. At one point in the fifteenth century, the Lordship of the Isles, the territorially extensive clan grouping presided over by the MacDonalds from their base at Finlagan in Islay, was as capable militarily as the monarchy itself. This, to be sure, did not last. During the 1490s the lordship – its strength still evident in the ruins of strongholds like Ardtornish and Castle Tioram – was finally overthrown. But this simply served to usher in an era of generalised anarchy in

Bho ire gu math tràth bha a' Ghalldachd fo smachd làidir aig rìghrean Alba, a bha stèidhichte an Dun-eideann. Bha Innse Gall fo riaghladh Lochlann gu meadhon na treas linn deug; dh'fhan Arcaibh is Sealtainn fo smachd Lochlannach gu na 1460an. Anns na h-Eileanan Tuath, agus an Gallaibh far an deach ùghdarras Alba stèidheachadh na bu tràithe, gheill Lochlannais neo Norn – ainm na cànain air a freumhachadh an Lochlannais a bhathar a' bruidhinn anns na cearnan sin fad linntean – beag is beag ris na dualchainntean Albais fo bhuaidh Norn ris an canar a nise Shetlandic is Orcadian is an leithid. Ach taobh a-muigh an oisean seo san ear-thuath, lean a' Ghàidhealtachd is na h-Eileanan gu mòr ris a' Ghàidhlig. Agus ged a bha dùthaich na Gàidhlig air fad fo ughdarras rioghachd Alba ann an ainmeachas mu dheireadh na treas linn deug, fad ùine mhòr cha robh buaidh rìghrean Alba an Dun-eideann is e cho fad as ach lag mar a b'fheàrr e. Air Ghàidhealtachd bha cumhachd na bu lugha aig stait Alba na bh' aig na buidhnean treubhail ris an cainnte fineachan. An seo bha cinn-feadhna na bu bhuadhmhor na rìghrean. Agus an seo bha dualchas na Gàidhlig fhathast torrach – co-dhiubh b'ann fo bhuaidh bàird a bha ri bàrdachd, neo seanchaidhean a bha a' cumail na seann sgeulachdan beò, neo clàrsairean is, ri ùine, piobairean a bha ri ceòl.

Bho shealladh Dhun-eideann cha b'e suidheachadh iomchaidh a bha seo. Cha toigh le riaghaltasan, agus cha robh riaghaltas Alba air chaochladh, làraich cumhachd naimhdeil taobh a-staigh nan crìochan nàiseanta. Mar sin fad linntean bha a' Ghàidhealtachd is na h-Eileanan – ar tìr fo dheasbad – fo bhruaillean cogaidh. Agus cha deach an t-strì son uachdranas air Ghàidhealtachd daonnan le Dun-eideann. Aig aon ìre anns a' choigeamh linn deug, nuair a bha dùthaich fharsaing fo Thighearnas nan Eilean le Clann Dòmhnaill ga riaghladh bho an daingneach ann am Fionn-lagan an Ile, bha an tighearnas cho comasach an cogadh ris na rìghrean fhein. Gun teagamh, cha do mhair seo. Anns na 1490an chuirte as dhan tighearnas – ged a tha làraich dhaingneachan mar Ard-tòrnais agus Caisteal Tioram a' sealltainn an neart a bh'ann. Ach cha d'rinn seo ach aimsir bhruailleanach a bheòthachadh far an robh fineachan fa leth an sàs ann an cò-stri fhuilteach ri cheile. Feadh na Gàidhealtachd air fad bha cumhachd a' tighinn a beul a' ghunna is air a ghlèidheadh leis na claidheamhnan snasail a bha luchd-cinnidh a' cleachdadh gu sgileil

which individual clans quarrelled bloodily with each other. Everywhere in the Highlands, power grew out of musket barrels and was enforced with the help of the finely-crafted swords that clansmen – as their would-be conquerors found – could all too readily wield with devastating effect. Depending on one's perspective, then, the Highlands of the sixteenth and seventeenth centuries were gloriously free – or, alternatively, a lawless wilderness in which warlords, racketeers and rustlers flourished virtually unchecked. Absolutely emblematic of this dichotomy is the career of the man Gaels knew as *Rob Ruadh* and Lowlanders called Rob Roy MacGregor. A typically Highland mix of entrepreneur and bandit, gentleman and thief, Rob Roy was portrayed as a wholly admirable figure in nineteenth-century novels and twentieth-century movies. To the people in charge of Lowland Scotland in his lifetime, however, Rob Roy seemed to encapsulate everything that was wrong with the Highlands and Islands – all the more so when he took, as did many other Highlanders in the late-seventeenth and eighteenth centuries, to participating in organised rebellion.

PAIR OF HIGHLAND
FLINTLOCK PISTOLS

Made by T Murdoch; with
initials 'K.McK' on silver plate

Several gunsmiths worked
in Doune from the late 17th
to late 18th century, making
pistols which appealed to
Highlanders, many of whom
came to Doune for the cattle
tryst. Doune pistols were
carried by many Highlanders
who engaged in the Jacobite
uprisings.

NATIONAL MUSEUMS SCOTLAND

gu sgrios a dheanamh, mar a fhuair an naimhdean amach. A reir do shealladh air, bha Gàidhealtachd na siathamh is na seachdamh linn deug buileach saor – neo, air an laimh eile, fàsach gun lagh a bh'ann far an robh ceatharnaich, cealgairean is meirlich a' soirbheachadh gun chasg. Bha beatha an duine ris an canadh na Gàidheil Rob Ruadh agus na Goill Rob Roy MacGregor na shuaicheantas air an t-sealladh roinnte seo. Bha colmadh ann a bha cumanta air Ghàidhealtachd de dh'fhear-gnothaich is creachadair, an duine uasal is am meirleach, ach ann an nobhalan na naoidheamh linn deug agus fiolmaichean na ficheadamh linn chaidh Rob Ruadh a shealltainn mar fhear a bha buileach ri mholadh. Ach do cheannardan Galldachd Alba ri linn bha gach ni a bha cearr air a' Ghàidhealtachd is na h-Eileanan ri lorg am pearsa Rob Ruaidh – gu h-àraid nuair a theann e ri pàirt a ghabhail an ar-a-mach, mar a rinn mòran Ghàidheil eile aig deireadh na seachdamh is toiseach na h-ochdamh linn deug.

Nuair a chaidh na rìghrean Stiùbhartach – a nochd an toiseach an Alba is an deidh sin mar rìghrean an Sasainn cuideachd – a leagail far an dà rìgh-chathair anns na 1680an, lean cuid dileas riutha. Nam measg bha màran dhe na fineachan Gàidhealach, ged nach robh air fad. Agus a chionn 's gun robh na fineachan ainmeil son an comas sabaid, b'ann air Ghàidhealtachd a bha oidhirpean na Stiùbhartaich a thilleadh gu ùghdarras a' tòiseachadh. Seumasaich a chanadh iad ri luchd-taic nan oidhirpean sin – b'e *Jacobus Rex* tiotal Laideann an

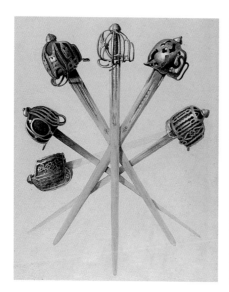

When the Stuart kings who first came to prominence in Scotland, and who later became monarchs of England also, were forcibly removed from their twin thrones in the 1680s, their cause remained popular in some circles. Those circles included many – though by no means all – Highland clans. And because clanship and fighting prowess necessarily went hand in hand, the Highlands became the springboard for attempts to restore the Stuarts to power. The organisers of such attempts were called Jacobites – *Jacobus Rex* being the Latinised title of Britain's last Stuart king, James VII of Scotland, James II of England.

For a time Jacobite uprisings were regular occurrences. The most spectacular such rising began in the summer of 1745 when Prince Charles Edward Stuart, James VII's grandson, landed in the West Highlands and raised his family's standard at Glenfinnan.

Charles Edward – Bonnie Prince Charlie to his admirers – confronted huge odds. In 1707 Scotland and England had merged. The United Kingdom which resulted was, by 1745, one of the two most powerful countries – the other being France – in the world. That this country's rulers could ever be menaced, let alone defeated, by a small force of hillmen from its far north seemed, to most contemporary observers, utterly improbable. That's why there's nothing surprising about Charles Edward's ultimate failure. What's astonishing is how close he came to success: taking charge of Scotland in a matter of weeks; thereafter marching his clan-based army to within 120 or so miles of London.

Understandably panicked by their narrow escape, the British establishment now resolved not just to crush the Jacobites in battle – a task accomplished at Culloden in April 1746 – but to destroy the distinctive Highland society which had enabled Charles Edward Stuart to challenge the Hanoverian monarchs who'd taken his family's place. Highlanders, according to Hanoverian propaganda, weren't merely Jacobites. They were also savages, brigands, barbarians, even cannibals. Bringing Highlanders to heel would be more than expedient then; it would be to make them civilised.

This sort of rhetoric had been commonplace in the south since the long-running confrontation between the late medieval Scottish state and the Lordship of the Isles. But the Britain of the 1740s was not

righ Stiùbhartach mu dheireadh am Breatainn, Seumas VII an Alba, Seumas II an Sasainn.

Son greis bha ar-a-mach nan Seumasach gu math cunbhalach. Thoisich an t-ar-a-mach a b'ainmeile ann an samhradh 1745 nuair a thainig am Prionnsa Tearlach Eideard Stiùbhart, ogha Sheumais VII, air tìr air taobh siar na Gàidhealtachd is a thog e bratach a theaghlaich an Gleann Fhianain.

Bha cuisean gu mòr an aghaidh Thearlaich Eideard – Bonnie Prince Charlie mar a bh' aig luchd-taic Gallda air. An 1707 bha Alba is Sasainn air còmhlachadh. Bha an Rioghachd Aonaichte a thainig as a' chomhlachadh sin air te dhen dà dhùthaich a bu chumhachdaich air an t-saoghal mu 1745; b'i an t'eile an Fhraing. Bha e buileach do-chreidsinn dhan mhor-chuid de luchd-breithneachaidh aig an am gum biodh buidheann beag de luchd nam beanntan mu thuath nan cun-nart do cheannardan na dùthcha seo, gun tighinn air cur as dhaibh. Is ann air sgàth sin nach eil e idir annasach gun do dh'fhàilnich Tearlach Eideard air a' cheann thall. Se an cuis-ìoghnaidh cho faisg 's a thainig e air buannachd; ghabh e smachd air Alba am beagan sheachdainean; an deidh sin threòirich e arm nam fineachan gu faisg air 120 mile a Lunnainn.

Chan ioghnadh gun deach ceannardan Bhreatainn nam boil leis cho caol 's a bha an tearnadh. Chuir iad rompa cha b'e direach na Seumasaich a phronnadh an cogadh – rud a rinneadh aig Cul-lodair sa Ghiblean 1746 – ach cur as dhan t-saoghal Ghàidhealach air leth a thug cothrom do Thearlach Eideard Stiùbhart dùbhlan a thoirt do rìghrean Hanòbhair a ghabh aite a theaghlaich. A reir propaganda Hanòbhair cha b'e direach Seumasaich a bh'anns na Gàidheil. B'e sluagh allmharra, borb, brùideil a bh'unnta, a bhiodh fiu 's ri ithe dhaoine. Bhiodh e tuilleadh is iomchaidh na Gàidheil a chasg; dh'fhà-gadh sin sìobhalt iad cuideachd.

Bha an seòrsa glòir seo air a bhith cumanta mu dheas bho am an naimhdeas bhuan eadar stait Alba is Tighearnas nan Eilean aig deireadh nam meadhon-aoisean. Ach cha b'e Breatainn nan 1740an Alba nan 1490an. An taca ri rìoghachd Alba 250 bliadhna na bu tràithe, bha an comas aig an Rioghachd Aonaichte am meadhon na h-ochdamh linn deug – agus, an deidh na thachair an 1745, an toil cuideachd – a chead fhaighinn air Ghàidhealtachd. B'e a bhuil an

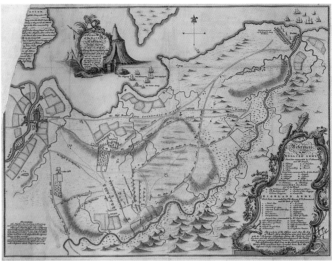

PRINCE CHARLES EDWARD
STUART [detail]

By Antonio David, 1732

A Venetian artist painted
this portrait in Rome for
the Prince's exiled father,
Prince James Francis
Edward Stuart ('The Old
Pretender') (see page 70).

SCOTTISH NATIONAL PORTRAIT
GALLERY

PLAN OF THE BATTLE
OF CULLODEN AND THE
ADJACENT COUNTRY,
SHEWING THE INCAMP-
MENT OF THE ENGLISH
ARMY AT NAIRN AND
THE MARCH OF THE
HIGHLANDERS IN ORDER
TO ATTACK THEM BY
NIGHT

By John Finlayson, c.1746

John Finlayson acted as
engineer and ordnance
master to Prince Charles.
The supporting decorative
cartouche is filled with
symbols of crushed Jacobite
aspirations.

NATIONAL LIBRARY OF SCOTLAND

the Scotland of the 1490s. In contrast to the Scottish kingdom of 250 years before, the mid-eighteenth-century United Kingdom possessed the capacity – and, after the events of 1745, it possessed the will as well – to get its way in the Highlands. Hence the burnings, summary executions, expropriations and other measures which the British Army promptly put into effect in Culloden's aftermath – measures including the banning of tartan, the disarming of clansmen and the curtailment of every chief's formerly huge powers over his followers.

During the one-and-a-half centuries which followed Culloden, Britain and its armed forces would deal similarly with lots of other so-called savages in practically every corner of the globe. But neither in the Highlands nor elsewhere was the British Empire's rise solely dependent on the United Kingdom's willingness to engage in military conquest. The Empire was equally a consequence of Britain's unrivalled capacity to persuade local élites – whether Indian princes or African tribal leaders – to come over to the British side in return, very often, for a share in imperialism's spoils. So it was in the north of Scotland. Ever since the early seventeenth century, when legislative steps were taken by the Scottish monarchy to get clan chiefs to abandon traditional modes of behaviour and to spend more time in Edinburgh, southern administrations had aspired to subvert clanship from within. After Culloden, this effort was stepped up. Soon, as a result, it had become clear to clan chiefs that, if they were to be people of standing and influence in the now disarmed

FLINTLOCK MUSKET

The relentless prosecution and execution of James Stewart of Acharn for the murder of the government factor for the Jacobite fortified estates reveals the nervous state of the Hanoverian government in the aftermath of the '45. This mid-18th century musket is widely believed to be the 'Appin Murder gun'.

NATIONAL MUSEUMS SCOTLAND

MAP OF THE ROUTE TAKEN BY BONNIE PRINCE CHARLIE AND HIS OPPONENTS, 1745-46 [detail]

The route taken by Jacobite forces led by Prince Charles Edward Stuart is outlined in red; rival Hanoverian forces in yellow. The chronology of events includes the raising of the Jacobite standard at Glenfinnan (August 1745), the Jacobite advance to Derby by December 1745, the Battles of Prestonpans, Falkirk and Culloden (April 1746), and the Prince's final escape to France.

NATIONAL LIBRARY OF SCOTLAND

losgadh, am marbhadh, an dìth-sealbhachadh is gach ni eile a rinn arm Bhreatainn anns an spot an deidh Chul-lodair – nithean mar casg a chur air a' bhreacan, na h-airm a thoirt bho na fineachan agus an smachd laidir a b'abhaist a bhith aig na cinn-feadhna thar an luchd-cinnidh a cheannsachadh.

Anns a' cheud gu leth bliadhna an deidh Chul-lodair, chleachd Breatainn is a cuid armachd an aon chleas air ioma sluagh eile a bhathar a' meas borb anns cha mhor gach àirde dhen chruinne. Ach air Ghàidhealtachd neo an àite eile cha robh fàs Impireachd Bhreatainn an crochadh a-mhàin air cho deònach 's a bha Breatainn lamh-an-uachdair a ghabhail le neart armachd. Bha an ìmpireachd cuideachd mar bhuil air a' chomas gun choimeas a bh' aig Breatainn air ceannardan ionadail – prionnsan Innseanach neo cinn-feadhna Afraganach – a thàladh gu a taobh, gle thric le cuibhreann de chreach na h-ìmpireachd. B'ionnan an ceann tuath na h-Alba. Riamh o thoiseach na seachdamh linn deug, nuair a chleachd rioghachd Alba an lagh son toirt air na cinn-feadhna cùl a chur air modhan dualchasach agus barrachd uine a chur seachad an Dun-eideann, bha riaghaltasan mu dheas air a bhith fiachainn ri cur as do na fineachan bhon taobh a-staigh. An deidh Chul-lodair, mheudaich an dol-amach seo. Mar bhuil, air Ghàidhealtachd a bha a nise gun armachd, cha b'fhada gus na thuig na cinn-feadhna gum b'fheàrr dhaibh airgead a

Highlands, they had better look to clan lands for cash rather than – as had previously been the case – for fighting men. In the course of the eighteenth century, then, Highland chiefs ceased to be chiefs in anything other than a residual and sentimental sense. They became instead commercially-minded landlords. The long-run consequences of this transformation would include the Highland Clearances – which came about when it became evident that big profits were to be made from dispossessing former clansfolk and leasing their landholdings to sheep farmers.

Much as British officers had done in Culloden's aftermath, the men responsible for the clearances – men like Patrick Sellar who evicted many hundreds of families on behalf of the Duke and Duchess of Sutherland – considered themselves to be dealing with people so inferior as to be almost sub-human. Even today, as can be seen from the manner in which Lowland commentators think themselves entitled to make mock of Gaelic-speakers, something of this attitude persists. In the nineteenth century, anti-Highland prejudice had an even freer rein. When, in the 1840s, Highland crofters – whose small-holdings had been conjured into existence to serve as receptacles for clearance victims – began to starve, their hunger was blamed not on the smallness of their crofts, or even on the blighting of the potatoes that were their staple foodstuff, but on their own fecklessness, sloth and ignorance. In a world then beginning to believe that different groups of human beings could be ranked in a sort of pecking order, with Anglo-Saxons at the top and sub-Saharan Africans at the bottom, Highlanders, while considered a step up from Africans, were said widely to lag – in evolutionary terms – far behind Lowlanders and English people.

But rather like Native Americans, with whom Patrick Sellar compared them, Highlanders, even when being written off as brutes and primitives, could simultaneously be celebrated – in yet another manifestation of the contested country phenomenon – as great warriors. In that most iconic of all imperial paintings, Benjamin West's *The Death of General Wolfe*, first exhibited in London in 1771, the dying Wolfe, who has just secured at Quebec the victory that made Canada British rather than French, is surrounded by the men who have made his Quebec triumph possible. One of them is a

chur as na h-oighreachdan seach ceatharnaich a thogail orra mar a b'abhaist – se sin ma bha buaidh is seasamh gu bhith aca. Tron ochdamh linn deug sguir na cinn-feadhna Ghàidhealach a bhith nan cinn-cinnidh ach a-mhàin mar fhaileas an cuimhne dhaoine. Bha iad a nise nan uachdarain-fearainn le suil ri malairt. Air a' cheann thall b'e aon bhuil air an atharrachadh seo na Fuadaichean; thachair iadsan nuair a dh'fhàs e follaiseach gun tigeadh prothaidean mòra as an tuath a thogail far an fhearainn son a thoirt air màl do thuathanaich chaorach.

Caran mar oifigearan Bhreatainn an deidh Chul-lodair, bha na daoine air cùl nam fuadaichean – leithid Padraig Sellar a dh'fhuadaich na ceudan theaghlaichean air sgàth Diùc is Ban-dhiùc Chataibh – dhen bheachd gun robh iad a' laimhseachadh sluagh cho suarach is gur gann a bhuineadh e dhan chinne-daonna. Fiu 's an diugh tha fuidheall dhen fhaireachadh seo beò, mar a chithear bhon dòigh anns am bheil sgrìobhaichean Gallda an dùil gum bheil cead aca a bhith a' magadh air luchd na Gàidhlig. Anns an naoidheamh linn deug bha am mì-run seo na bu chumanta. Anns na 1840an, nuair a thoisich gort a-measg chroitearan Gàidhealach – is iad beò air leòbagan fearainn a chaidh a dhealbh dhan fheadhainn a chaidh fhuadach – cha b'ann air cho beag 's a bha na croitean a chaidh a' choire chur, neo fiu 's air lobhadh a' bhuntata, am prìomh bhiadh aca, ach air cho leisg is luideach is aineolach 's a bha iad fhèin. Ann an saoghal a bha aig an am a' tòiseachadh ri chreidsinn gun gabhadh an cinne-daonna a chur an òrdan an caochladh bhuidhnean, le Anglo-Sacsannaich air a' mhullach is Afraganaich deas air an Sahara aig a' bhonn, bha na Gàidheil air am meas ceum na b'àirde na na h-Afraganaich ach chanadh mòran gun robh iad fada, fada air deireadh air Goill is Sasannaich a thaobh adhartais.

Ach bha na Gàidheil caran mar a bha Innseanaich Aimeireaga, ris na choltaich Padraig Sellar iad: fiu 's nuair a bhathar gan dìteadh mar bhrùidean neo-adhartach, dh'fhaoidte cuideachd am moladh mar cheatharnaich chalma – eisimpleir eile dhen tìr fo dheasbad. Se dealbh cho samhlachail 's a th'ann air an ìmpireachd *Bas an t-Seanalair Wolfe* le Benjamin West, a fhuair a chiad fhoillseachadh an Lunnainn an 1771; tha Wolfe, is e direach air Quebec a ghabhail le ionnsaigh a rinn Canada Breatannach seach Frangach, ri uchd bàis is e air a chuar-

painted, plumed and half-naked Mohawk Indian. Another is Simon Fraser of Lovat who, in much the same way as the Mohawk he stands alongside in West's painting, has made the transition from frontier tribesman to British soldier.

Simon's Jacobite father, chief of Clan Fraser, had been executed in 1747, and Simon himself had led the Fraser contingent which joined Prince Charles Edward Stuart at Culloden. Despite his father's state-ordered beheading, despite his own role in Charles Edward's rising, and despite this role ending in his being imprisoned in Edinburgh Castle, Simon had decided – in a spirit of ruthless self-interest – to get onside with the United Kingdom's ruling order. First he helped secure, while still himself a prisoner, the election of a pro-Hanoverian as MP for his native Inverness-shire. Having thus gained his freedom, Simon next contrived to get a legal training and to become, in 1752, a member of the government's prosecution team at the Inveraray trial of James Stewart of Acharn – hanged for his alleged participation in a piece of Jacobite terrorism which culminated, just south of Ballachulish Ferry, in the murder of one of the officials then engaged in ensuring that the Hanoverian régime's word became law in the Highlands. Five years later, by way of underlining the completeness of his commitment to a monarchy and government he'd earlier rebelled against, Simon Fraser raised one of the first Highland regiments, Fraser's Highlanders, to serve in North America. There, as demonstrated by his prominent place in Benjamin West's painting, Simon Fraser did great things for Britain and its rapidly growing empire. In the process he played a leading part in making Highland soldiers what they long afterwards remained – key symbols of the United Kingdom's worldwide military pre-eminence.

What made the British Empire's many thousands of Highland soldiers universally recognisable, of course, was their wearing of kilts. In relation to what had gone before, this was a remarkable development – in that, prior to James Wolfe's 1759 deployment of tartan-clad troops at Quebec, Highland dress was widely associated, outside the Highlands, with sedition, tribalism and backwardness. In this context the British Army's incorporation of the kilt into infantry uniforms was, to reiterate, remarkable. But still more

tachadh leis na daoine a rinn a' bhuaidh comasach dha. Se fear dhiubh Innseanach Mohawk, le pheanta 's a chuid itean is e leth-ruisgte. Se fear eile Sim Friseal, fear Lobhat, a th'air an caochladh a dheanamh – car mar am Mohawk ri thaobh an dealbh West – o chinneach crìche gu saighdear Breatannach.

Chaidh athair Shìm, Seumasach is ceann-feadhna nam Frisealach, a dhìth-cheannadh an 1747, agus b'e Sìm fhèin a bh'air ceann an fheachd Fhrisealaich a bha comhla ris a' Phrionnsa Tearlach Eideard Stiùbhart aig Cul-lodair. Dh'aindeoin bàs athar fo laimh a' stait, dh'aindeoin a phàirt fhein an ar-a-mach Thearlaich, 's a dh'aindeoin a bhith an gainntir an Caisteal Dhun-eidinn air sgàth sin, chuir Sim roimhe – an spiorad cruaidh fèinealachd – taobhadh le luchd-riaghlaidh Bhreatainn. An toiseach chuidich e, is e fhathast na phrìosanach, fear-taic Hanòbharach fhaighinn a-staigh mar bhall-parlamaid son Siorrachd Inbhirnis, àite àraich. Le shaorsa fhaotainn air sgath seo, chaidh aig Sim a-nuairsin air oideachadh laghail fhaighinn, is an 1752 bha e na bhall de sgioba casaid an riaghaltais aig a' chùirt an Inbhir-aora aig Seumas Stiùbhart, fear Acharna; chaidh esan a chrochadh fo chasaid gun robh pàirt aige an ceannairc Seumasach a dh'adhbhraich, direach deas air aiseag Bhaile-chaolais, mort fear dhe na h-oifigearan a bha a' strì gus deanamh cinnteach gun robh smachd aig riaghladh Hanòbhair air Ghàidhealtachd. Coig bliadhna as dèidh sin, direach a dhearbhadh cho mòr 's a bha dhìlseachd do rìgh is riaghaltas dhan tug e dùbhlan roimhe, thog Sìm Friseal fear dhe na ciad rèisimeidean Gàidhealach a thug seirbhis an Ameireaga a Tuath, Rèisimeid MhicShimidh. An sin rinn Sìm Friseal euchdan mòra do Bhreatainn is an ìmpireachd a bha a' fàs gu luath, mar a tha an t-àite a fhuair e an dealbh Benjamin West a' sealltainn. Agus aig an aon am bha pairt mhòr aige ann an iomhaigh a bha buan fad ùine a thoirt dhan t-saighdear Ghàidhealach mar shamhla air priomhachas armachd Bhreatainn feadh an t-saoghail.

B'e cleachdadh an fhèilidh an rud a rinn na mìltean de shaigh-dearan Gàidhealach a bh' aig Impireachd Bhreatainn cho aithnichte feadh an t-saoghail. An taca ris na bha air tachairt roimhe b'e rud iongantach a bha seo; gus na chuir Seumas Wolfe luchd nam breacan an sas an Quebec an 1759, bha an t-èideadh Gàidhealach gu ìre mhòr co-cheangailte, taobh a-muigh na Gàidhealtachd, ri ceannairc,

Grant.
'*The Clans*' vol. i., page 108.

LEDGER OF TARTAN
SAMPLES

Highland Society of London,
volume 2

This ledger of tartan samples
was formed in the 1930s by
members of the Highland
Society in order to improve
their record of 'Certified
Tartans'. It includes swatches
collected between 1815 and
1820, as well as samples
collected later.

NATIONAL MUSEUMS SCOTLAND/
LENT BY THE HIGHLAND SOCIETY
OF LONDON

REPEAL OF THE 1747 ACT

A proclamation in Gaelic
for the repeal in 1783 for
the Act of Parliament of
1747 prohibiting Highland
dress

NATIONAL MUSEUMS SCOTLAND

extraordinary, given the animosity which had characterised
Lowland-Highland relations since the middle ages, was Highland
dress's eventual adoption by the generality of Scots. At the time of
Culloden no one would have thought this conceivable. Indeed, if
it were possible to let Highland-hating Lowlanders of the early
eighteenth century know that their twenty-first-century descendants
would consider tartan a badge of Scottishness, then those Lowland
worthies of 300 years back would not so much birl in their graves
as rise in horror from them.

Nor did the wholly unforeseen Highlandising of Scotland stop
with kilts. While tartan would almost certainly top any list of things
the modern world most associates with our small country, this list
would also feature bagpipes, whisky, gatherings of the Braemar
variety, heather-covered hills, misty glens and sparkling lochs. All of
those are essentially Highland. And even when travel guides feature
something unarguably Lowland, like Edinburgh Castle, the fore-
ground is often filled by a plaid-draped piper – in blithe disregard of
the fact that Edinburgh Castle's guns were last fired in anger when
its garrison managed to hold out against the piper-led clansmen who,
to the horror of the city's leading residents, made Charles Edward
Stuart master of the rest of Scotland's capital.

But perhaps it was Charles Edward's eventual and total defeat that
made it safe for Lowlanders to begin romanticising their Highland
neighbours. As long as there remained some chance of a Highland

treubhan borba is deireannas. Mar sin, b'ann a bha e air leth iongan-tach gun do ghabh an t-Arm Breatannach ris an fhèileadh mar thrusgan do shaighdearan-coise. Ach bha e fiu 's na b'iongantaiche buileach, leis a' mhì-run a bha eadar Ghall is Ghàidheal bho na meadhon aoisean, gun do ghabh a' mhòr-chuid de dh'Albannaich ris an eideadh Ghàidhealach air a' cheann thall. Aig am Chul-lodair bhiodh sin do-chreidsinneach do dhaoine. Gu dearbh, nan robh dòigh air innse dha na Goill aig an robh leithid de ghràin air na Gàidheil aig toiseach na h-ochdamh linn deug gun robh an sliochd san aona linn thar fhichead a' meas an tartan mar shuaicheantas Albannach, cha b'e a-mhàin gun cuireadh na Goill bho 300 bliadhna air ais car san uaigh, ach leumadh iad aisde leis an uamhas.

Agus cha do stad Gàidhealachadh na h-Alba, is e buileach gun dùil ris, leis an fhèileadh. Is gann teagamh nach biodh tartan air ceann sreath de rudan a tha an saoghal an diugh a' ceangal ri ar dùthaich bheag, ach bhiodh a' phìob-mhòr, uisge-beatha, cruin-neachaidhean mar Bràigh Mharr, beanntan fraoich, gleanntan ceòthach is lochan dealrach san t-sreath cuideachd. Tha iad uile gu h-àraid Gàidhealach. Agus fiu 's nuair a tha leabhrain-turasachd a-mach air rudan a tha gun teagamh Gallda, leithid Caisteal Dhun-èidinn, is tric a gheibhear pìobair le bhreacan air a bheulaibh; chan eil guth idir mun turas mu dheireadh a chaidh gunnachan a' chaisteil a losgadh le fearg – nuair a chaidh aig a' ghearasdan air a ghleidheadh an aghaidh na fineachan le pìobairean air an ceann a ghabh thairis

HIGHLAND SOLDIERS

(left to right)

A soldier of the famous 42nd Regiment of Foot, the Black Watch, 1743.

Piper Clarke of the 71st Regiment of Foot, Peninsular War, Portugal 1808.

An officer of the Seaforth Highlanders, 72nd/78th Regiment of Foot, First World War, 1917.

NATIONAL MUSEUMS SCOTLAND

army – as actually happened in 1745 – storming into Edinburgh, none of its citizens was likely to regard Highlanders with anything other than a mix of fear and detestation. Once the clans had been crushed, however, new approaches to the Highlands became possible. Even if still savages, Highlanders were now, potentially at least, *noble* savages. As also occurred in the case of their Mohawk counterparts, they could be permitted – even encouraged – to fight and die, in their traditional garb, for the United Kingdom. And as well as taking pride – as they certainly did on hearing of Wolfe's Quebec triumph – in the accomplishments of Highland regiments, Lowland Scots became increasingly receptive to the notion that the Highlands might provide them with a national identity that was, at one and the same time, excitingly unique and, in relation to the Anglo-Scottish union of 1707, so apolitical as to be totally unthreatening.

Hence the fuss made by Enlightenment Edinburgh's intelligentsia – the renowned David Hume to the fore – of a young man from Badenoch. The young man's name was James Macpherson and, within a year or so of the return of Fraser's Highlanders from Canada, he published poems which, it was claimed, were translations of ancient Gaelic epics. Academic dispute still surrounds the extent to which Macpherson drew upon genuine Highland tradition – as compared with the extent to which he simply made things up. But what there's never been any argument about is the tremendous impact of James Macpherson's writings. By ostensibly turning himself into the voice of a long-dead Gaelic bard called Ossian, Macpherson became a sensation – not just in Edinburgh, but far beyond. Napoleon Bonaparte, creator of the most extensive empire Europe had known since Roman times, was a Macpherson fan. Thomas Jefferson, author of the America's Declaration of Independence and the country's third president, was a still more fervent enthusiast who read Macpherson every day. Scotland, courtesy of James Macpherson, had been put on the world's literary map. And Scotland, again thanks to Macpherson, had got there in a Highland guise.

In the course of the nineteenth century this development was reinforced by the still greater international success enjoyed by Walter Scott. Unlike Macpherson, who looked to remote antiquity for his material, Scott – in novels like *Waverley* – dealt with the Highlands

an corr de cheann-bhaile Alba an ainm a' Phrionnsa Tearlaich, ge b'oil le urrachan mòr a' bhaile.

Ach is docha gum b'e call buileach Thearlaich air a' cheann thall a rinn sàbhailte e do Ghoill tòiseachadh ri buadhan a lorg anns na Gàidheil. Fhad 's a bha cunnart air choireigin ann gun tugadh arm Gàidhealach rotach air Dun-eideann – mar thachair an 1745 – cha robh gin de mhuinntir a' bhaile buailteach coimhead air na Gàidheil ach le eagal is oillt. Aonuair 's gun do phronnadh na fineachan, ge-ta, ghabhadh a' Ghàidhealtachd a meas as ùr. Ged a bha na Gàidheil fhathast borb, is dòcha gun robh e nan comas a bhith uasal cuideachd. Mar thachair a thaobh nam Mohawk, bu choir cead – neo fiu 's brosnachadh – a thoirt dhaibh sabaid is bàsachadh, nan èideadh dùthchasach, son Breatainn. A bharrachd air a bhith uasal a euchdan nan rèisimeidean Gàidhealach, mar bha iad nuair chuala iad mu bhuaidh Wolfe aig Quebec, bha na Goill a' sìor ghabhail ris a' bheachd gur docha gun tugadh a' Ghàidhealtachd fèin-aithne nàiseanta dhaibh – iomhaigh a bha, cearta-còmhla, beòthail is air leth agus, a thaobh aonadh Shasainn is Alba an 1707, cho ao-poiliticeach is gun robh e buileach neo-bhagarrach.

B'e aon bhuil an othail a rinn luchd-innleachda an t-Soillseachaidh an Dun-eideann – le Daibhidh Hume ainmeil air an ceann – mu fhear òg a Bàideanach. B'ainm an fhir òig Seumas Bàn MacMhuirich no Macphearsain, agus mu bhliadhna an deidh do Rèisimeid MhicShimidh tilleadh a Canada bha e air dàin a chur an clò a bha, bhathar ag agairt, air an eadar-theangachadh bho bhàrdachd aosda Ghàidhlig. Tha sgoilearan fhathast a' deasbad an ìre dhan robh Macphearsain a' tarraing a fìor dhualchas na Gàidhealtachd, seach an ìre 's a rinn e suas cùisean. Ach cha robh ceist riamh mun bhuaidh làidir a bh' aig sgrìobhaidhean Sheumais Mhicphearsain. Le guth a thoirt do dh'Oisean, bàrd Gàidhlig a bha (mas fhior) marbh o linn nan con, fhuair Macphearsain cliù iongantach – cha b'ann a-mhàin an Dun-eideann ach fada thar a chriochan. Bha Napoleon Bonaparte, a thog an impireachd a b'fharsainge san Roinn Eorpa o linn nan Ròmanach, measail air dàin Mhicphearsain. Bha Tomas Jefferson, ùghdar Gairm Saorsa Ameireaga is treas ceannard na dùthcha sin, na bu mheasaile buileach agus a' leughadh Mhicphearsain a h-uile latha. Bha Alba, taing do Sheumas Macphearsain, air nochdadh air clàr

as they'd been, or supposedly been, in the era of Bonnie Prince
Charlie. His Jacobite clansmen, moreover, were in no way uncivilised
or uncouth. Instead they were dashing, gentlemanly, chivalrous,
handsome and brave. Tartanalia, in consequence, ran riot. In 1822
George IV, great-grandson of the king whom Charles Edward had
tried to depose in 1745, made a state visit to Edinburgh and its
environs. Since he was the first monarch in ages to come north, his
trip mattered. Its lasting significance, however, derives from the
expensive pageantry – much of it dreamed up by none other than
Walter Scott – laid on for the occasion. Everyone who was anyone,
King George included, wore tartan. The notion of the kilt as
Scotland's national dress, not just the dress of Highlanders, had
been born and given royal affirmation.

The Highlands of the nineteenth century were a place where
crofters starved and were evicted. But the self-same Highlands, this
endlessly contested country, were also thought unsurpassably attrac-
tive. Landscapes which, as noted earlier, were little esteemed by
eighteenth-century outsiders, began to be celebrated for their beauty.
A region which generations of Lowland and English people had
treated, with some justification, as both alien and menacing, was
suddenly, and irresistibly, enticing.

As a result, first the well-heeled, and then – as steamships and
railways made travel easier – the generality of people, began to flock
north. The Highland tourist industry, still a major contributor to the

litreachais an t-saoghail. Agus bha Alba, a rithist taing do Mhacphearsain, air sin a dheanamh an riochd Gàidhealach.

Feadh na naoidheamh linn deug chaidh an leasachadh seo a mheudachadh le cliù eadar-naiseanta Walter Scott a bha fiu 's na b'ainmeile. Ao-coltach ri Macphearsain, a lorg a stuth ann an linntean cian, ann an nobhalan leithid *Waverley* laimhsich Scott a' Ghàidhealtachd mar a bha i – neo mas fhìor a bha i – ri linn a' Phrionnsa Tearlaich. Agus cha robh an luchd-cinnidh Seumasach aige borb neo amh an doigh sam bith. An àite sin bha iad flathail, uasal, cùirteil, eireachdail is calma. Mar bhuil, chaidh daoine air bhoil mu thartan. An 1822 thug Deòrsa IV, ogha an righ a dh'fhiach Tearlach ri chur as an 1745, cuairt staite a Dhun-eideann. Los gum b'e a' chiad rìgh a thainig mu thuath o chionn fada, bha an turas cudtromach. Ach b'e gach taisbeanadh cosgail a bha an cois an turais – mòran dheth air a shniomh a mac-meanmna Walter Scott – a dh'fhag buaidh mhaireannach aige. Cha robh neach a b'fhiach, Rìgh Deòrsa nam measg, nach do chleachd tartan. Thainig a' bheachd nach b'e an t-fhèileadh direach èideadh nan Gàidheal ach èideadh nàiseanta na h-Alba dhan t-saoghal le beannachd rìoghail.

B'e àite anns an robh croitearan air a' ghoirt is gam fuadach a bh'ann an Gàidhealtachd na naoidheamh linn deug. Ach bha an dearbh Ghàidhealtachd, an tìr seo fo dheasbad gun lasachadh, cuideachd air a meas air leth tarraingeach. Thòisich na seallaidhean air an robh beag meas aig coigrich na h-ochdamh linn deug air fàs

region's economy, had become a force in the land. On the back of the boom thus created, hotel-crammed towns like Oban, the Scottish Benidorm of its day, sprang into existence. And because tourists have always taken home mementoes of their trips, a Highland souvenir trade – begetter of a billion tartan dolls and dishtowels – made its appearance.

Books about the Highlands, once few, were now legion. They included Robert Louis Stevenson's *Kidnapped*. Based on the events surrounding the trial and execution of James Stewart of Acharn, *Kidnapped* is easily the best Highland-centred novel ever written.

But if Robert Louis Stevenson helped maintain interest in the Highlands, so did Queen Victoria. Her uncle, George IV, had not ventured beyond Edinburgh. By the 1840s, however, Victoria, accompanied by her husband Prince Albert, and keeping Scott's works close at hand, was exploring much more northerly parts of Scotland. In 1852 the couple acquired their own Highland base at Balmoral. The Deeside home they thus obtained has exercised a strong grip on Britain's royal family ever since. And though the nineteenth-century craze for stalking, grouse-shooting and salmon-fishing would probably have taken off with or without royal patronage, the fact of such patronage undoubtedly helped foster it. Sporting estates, some of them owned by southern aristocrats, others the property of newly-monied men who'd made fortunes in industry and commerce,

BALMORAL CASTLE

Queen Victoria's Highland Home, late 19th century.

àinmeil son an àilleachd. Bha cearna a bha air a bhith an dà chuid coimheach is bagarrach aig ginealaich de Ghoill is de Shasannaich, gu ìre le adhbhar, gu h-obann air tàladh làidir a lorg.

Mar sin, thòisich an toiseach daoine beairteach is a-nuairsin – is siùbhal a' fàs na b'fhasa le stiomairean is reilichean – am mòr-shluagh air sruthadh mu thuath. Bha gnìomhachas turasachd na Gàidheal-tachd, a tha fhathast na thaic mòr do bheò-shlaint na cearna, air fàs buadhmhor. An cois an dùsgaidh seo nochd bailtean làn thaighean-òsda mar an t-Oban, Benidorm na h-Alba latha bh'ann. Agus a chionn 's gum biodh luchd-turais riamh a' toirt dhachaidh cuimhneachain air an cuairtean, nochd malairt chuimhneachan Ghàidhealach – màthair nam muilleanan de dhoileagan tartain agus cainbean shoitheach.

Bha leabhraichean mun Ghàidhealtachd, ainneamh uair a bh'ann, a-nise lìonmhor. Nam measg bha *Kidnapped* aig Robert Louis Stevenson. Tha e stèidhichte air na thachair aig am cùirt is bàs Sheumais Stiùbhart, fear Acharna, agus is e an nobhal le stèidh Ghàidhealach a b'fhearr a chaidh riamh a sgrìobhadh.

Ach ma chuidich Robert Louis Stevenson le ùidh sa Ghàidheal-tachd a chumail beà, chuidich is a' Bhàn-righinn Victoria. Cha robh mu na 1840an bha Victoria, comhla ri a ceile am Prionnsa Albert, agus le sgrìobhaidhean Scott ri laimh, a' siùbhal cearnan de dh'Alba mòran na b'fhaide tuath. An 1852 cheannaich an dithis aca an

PICTURESQUE GATHER-INGS OF THE SCOTTISH HIGHLANDERS AT HOME ON THE HEATH, THE RIVER, AND THE LOCH

By James Logan and R. R. McIan (London: 1848)

Whisky distilling (see pages 98-99) and deer-stalking are two activities that have been associated with the High-lands since the Victorian era, when this idealised image was produced.

NATIONAL LIBRARY OF SCOTLAND

proliferated across the Highlands. Enormously expensive lodges, most of them in the neo-gothic or Scottish Baronial style of royalty's Balmoral Castle, went up in even the most inaccessible locations. And the kilted or tweed-suited ghillie – whose archetype was Victoria's retainer and confidant, John Brown – became almost as emblematic of the Highlands as the area's soldiers.

By the early twentieth century, then, the Highlands had acquired something close to cult status. Nor were the cult's devotees confined to any one social grouping. Senior politicians, leading business figures, kings, queens and the nobility – accompanied by squads of servants – might come to the Highlands each summer to shoot stags and fish for salmon. But by way of excursion trains and west coast steamers, millions of more modestly placed folk continued to head north in search of less expensive pleasures – including the new sport of mountaineering. To many of the region's visitors, in fact, the Highlands were Scotland and Scotland was the Highlands – a belief shared increasingly by people who'd never climbed a Highland hill or even as much as glimpsed one. When, complete with kilt and bonnet, the music hall megastar Harry Lauder came on stage in New York, Melbourne or Toronto to sing of his granny's heilan' hame, those members of Lauder's audience who were of Scottish descent – even if their grandmothers had lived in urban tenements rather than

GLENQUOICH VISITORS'
BOOK, 1846-63

For over 20 years, Edward Ellice of Invergarry, the wealthy businessman and liberal politician, lavishly entertained a steady stream of guests at Glenquoich Lodge, his Highland home. In a single year nearly 1000 guests, including the painter Edward Landseer and the politician William Gladstone, attended house parties for sightseeing, hunting, sailing and relaxing in the country-side.

NATIONAL LIBRARY OF
SCOTLAND

dachaidh Ghàidhealach fhèin aig Baile-mhoireil. Tha greim daingeann air a bhith aig an dachaidh aca ri taobh Abhainn Dhè air teaghlach rìoghail Bhreatainn riamh on uair sin. Agus ged is neònach nach robh dèidh na naoidheamh linn deug air sealg is cearcan-fraoich is iasgach bhradan air beòthachadh, taic rìoghail ann neo as, chan eil teagamh nach do chuidich an taic sin leis. Dh'fhas frìthean seilge lìonmhor feadh na Gàidhealtachd, cuid dhiubh an sealbh uaislean bho dheas, cuid eile an sealbh ùr-bheairtich a rinn fortain an gnìomhachas neo malairt. Chaidh loidsichean a bha daor thar tomhais air làraichean a bha buileach an-deiseil, a mhòr-chuid dhiubh le dreach nuadh-gotach neo Baranach Albannach Bhaile-mhoireil. Agus cha mhòr nach robh gille an fhèilidh neo a' chlò-Hearaich – b'e am priomh-shamhla John Brown, seirbhiseach is caraid Victoria – cho suaicheantail dhen Ghaidhealtachd ri saighdearan na cearna.

Tràth san fhicheadamh linn, ma-tha, cha mhòr nach robh a' Ghàidhealtachd air inbhe cuspair adhraidh fhaotainn. Agus cha bhuineadh na dìlsean a bha ag adhradh dhith do dh'aon ghnè soisealta a-mhàin. Gach samhradh thigeadh ceannardan poiliticeach, àrd luchd-gnothaich, rìghrean, bàn-righrean agus uaislean – le sgiobaidhean de sheirbhisich – dhan Ghàidhealtachd a shealg air fèidh is a dh'iasgach bhradan. Ach bha na muilleanan de dhaoine na b'ìsle inbhe a' cleachdadh treanaichean is stiomairean a' chost an iar son thighinn tuath an tòir air cur-seachadan na bu shaoire – nam measg spòrs ùr a' sreap bheanntan. Do mhòran dhen luchd-tadhail, gu dearbh, b'i a' Ghàidhealtachd Alba agus Alba a' Ghàidhealtachd – beachd a bha a' sìor fhàs a-measg dhaoine nach robh riamh air beinn Ghàidhealach a shreap neo fiu 's fhaicinn. Nuair a nochdadh ard-reul nan taighean-cluiche Harry Lauder, le a bhonaid is fhèileadh, air an ard-urlar an New York, Melbourne neo Toronto a sheinn mu bhothan Gàidhealach a sheanmhair, bha e soilleir gun robh an fhead-hainn dhen luchd-èisdeachd de shliochd Albannach – co-dhiubh b'ann an clabhsaichean bhailtean neo air croitean Gàidhealach a thogte an seanmhairean – gam faicinn fhein mar eilthirich a dùthaich anns nach robh ach beanntan ceòthach is eileanan na bu cheòthaiche.

Cha robh an seorsa smuain seo riamh gun a naimhdean agus, mar a chaidh am ficheadamh linn air adhart, b'ann na bu phailte a dh'fhàs iad. Do nàiseantaich, luchd-sgaoilidh cùmhachd agus soisealaich, cha

on Highland crofts – clearly thought themselves exiles from a country consisting entirely of misty bens and mistier islands.

This state of mind was never without its enemies and, as the twentieth century advanced, they became more numerous. To nationalists, devolutionists and socialists, balmorality, tartanry and highlandism – just some of the labels attached to the widespread tendency to conceive of Scotland as a nation whose identity owed more to Walter Scott's imaginings than to Scotland's actual situation – was at best inexcusable escapism, and at worst a frivolous and backward-looking diversion from the task of turning Scotland into a prosperous, effective and (if one was a home ruler) self-governing country. What, it was asked, had sentimental songs about the Highlands to offer the victims of mid-twentieth-century Scotland's industrial collapse? What, for that matter, had they to offer the Highlands themselves – an area still characterised in real life by a contracting economy, joblessness and persistent out-migration?

This last question was given particular point by the growing realisation that, despite all the attention devoted to the Highlands by the region's literary and other romanticisers, speakers of Gaelic were becoming steadily scarcer. And Gaelic, insisted tartanry's critics, was more truly integral to Highland culture than the outpourings of highlandism's devotees. If you genuinely wanted to identify with the Highlands or to understand the forces that had shaped their history, would you not do better to put aside *Waverley* – to say nothing of 'Granny's Heilan' Hame' – and get to grips, even in translation, with 'Hallaig', the twentieth-century Gaelic poet Sorley MacLean's tremendous evocation of what had been so casually destroyed in the course of the Clearances?

Today, thinking of this sort is gaining ground in quarters where it would once have had little appeal. Among younger members of the Scottish diaspora – some of them making heroic efforts to learn Gaelic – so-called Celtic music is everywhere considered cool. And though the present Prince of Wales sometimes seems every bit as immersed in balmorality as his great-great-great-grandmother Queen Victoria, he also holds views akin to those more associated with balmorality's detractors. Speaking at Sabhal Mòr Ostaig, Skye's Gaelic-medium college, in September 2004, Prince Charles commented that

robh ann am baile-mhoireileachd, tartanachd agus gàidhealtas – neo ga b'e de na faclan a chleachdte son am fasan cumanta a bhith a' faicinn Alba mar dhùthaich a bha na b'fhaide an comain macmeanmna Walter Scott son a h-ìomhaigh na fior shuidheachadh na dùthcha – ach teicheadh gun leisgeul bhon fhìrinn aig a' char a b'fhearr, neo aig a' char bu mhiosa ceum faoin air ais bhon t-saothair a dh'fheumte son Alba a thionndadh na dùthaich bheairteach, chomasach agus (nam b'e nàiseantach thu) fein-riaghailteach. De bh' aig òrain chianail mun Ghàidhealtachd ri thathainn dhan fheadhainn a bha a' fulang los gun do bhrist air gnìomhachas Alba am meadhon na ficheadamh linn, bhithte a' foighneachd? Son a' chuid sin dheth, de bh'aca ri thathainn dhan Ghàidhealtachd fhèin – àite fhathast sònraichte an da-rireamh son crionadh beò-shlaint, cion-obrach agus imrich a-mach gun sgur?

B'e an rud a rinn a' cheist mu dheireadh gu h-àraid geur, tuigse a bhith a' meudachadh gun robh luchd-bruidhne na Gàidhlig a' sìor fhàs na bu ghainne a dh'aindeoin an aire a bha luchd-litreachais is romansairean eile a' buileachadh air a' Ghàidhealtachd. Agus bha Gàidhlig moran na b'fhaisg air cridhe dualchas na Gàidhealtachd na glòir luchd-adhraidh an tartanachd, thuirt an naimhdean. Ma bha thu ga-rìreamh son dluth-cheangal ris a' Ghàidhealtachd agus son na rudan a thug buaidh air a h-eachdraidh a thuigsinn, saoil nach b'fhearr dhuit *Waverley* a chur an darna taobh – gun luaidh air 'Granny's Heilan' Hame' – agus greimeachadh, fiu 's eadar-theangaichte, air 'Hallaig', an ath-dhùsgadh miorbhaileach a rinn bàrd Gàidhlig na ficheadamh linn, Somhairle MacGilleain, air na chaidh a sgrios gun smuain feadh nam fuadaichean?

An diugh tha smaoineachadh dhen t-seòrsa seo a' fas làidir an cearnan far nach biodh mòran meas air uair a bh'ann. A-measg òigridh an diaspora Albannaich – cuid dhiubh a' deanamh an dearg dhìcheall Gàidhlig ionnsachadh – the ceòl 'Ceilteach', mar their iad, air a mheas fasanta anns gach àite. Agus ged a shaoilist uaireannan gum bheil Prionnsa na Cuimrigh againn cho mòr am bogadh am baile-mhoireileachd ri a shean-shean-shean-seanmhair a' Bhàn-righinn Victoria, tha beachdan cuideachd aige tha faisg air beachdan an fheadhainn a bhios a' cur sios air baile-mhoireileachd. Aig Sabhal Mòr Ostaig, colaisde Ghàidhlig an Eilein Sgitheanaich, san t-Sultainn

Scotland's devolved government, the Scottish Executive, must take responsibility for Gaelic's future well-being. 'There are few responsibilities more absolute,' the Prince of Wales went on, 'than those which flow from custodianship of a language and a culture; especially when these exist to such an extent in only one country. If Gaelic dies in Scotland, it dies in the world. If it flourishes in Scotland, then it sends out a message of inspiration and optimism to others who face similar challenges and adversities. Therein lie both the challenge and the opportunity.'

The Scottish Executive's promotion of a Gaelic Language Act, passed by the Scottish Parliament in 2005, suggests that Scottish ministers are well aware of the issues thus highlighted by Prince Charles. The Executive's designation of 2007 as Scotland's Year of Highland Culture is further evidence – the year having a substantial Gaelic component – to the same effect. In looking to promote national celebration of Highland culture, however, Scotland's government is also looking to recognise the contribution cultural activity has made to the regeneration of the Highland economy.

As indicated earlier, there is no single explanation for the recent upturn in Highland fortunes. But one cause – and an important one – has been the growing self-confidence of the area's population. Why such self-confidence was lacking in the past is a matter for debate – but its absence was surely connected with persistent, and officially endorsed, denigration of Gaelic and, for that matter, other aspects of Highland people's heritage and background. If you're informed by practically everyone in authority, as Highlanders were informed for so long, that everything about you, starting with your language, is of no account, then you're bound to doubt your own capacities. That's why, if it's to be effective, developmental policy in the Highlands and Islands has to involve more than financial support for business. What's required is a commitment to restoring the Highland population's sense of worth. Hence our need in the Highlands to encourage both individuals and communities to take pride in their background; to make people feel good about themselves and their surroundings; to show that our area, despite the batterings it's taken in the past, can offer all its people – established residents and newcomers alike – much that's of great merit.

2004, thuirt am Prionnsa Tearlach gum feumadh Riaghaltas na h-Alba cùram a ghabhail son slàinte na Gàidhlig. 'Is ainneamh cùram a tha nas truime,' arsa Prionnsa na Cuimrigh, 'na a bhith fo chùram cànan is dualchas a ghlèidheadh; is gu h-àraid nuair a tha iad beò gu ìre mhòr an aon dùthaich a-mhàin. Ma theid Gàidhlig bàs an Alba, theid i bàs san t-saoghal. Ma shoirbhicheas i an Alba, tha sin a' cur fios misneachail is dòchasach ri feadhainn tha fon aon seòrsa dùbhlan is cruaidh-chas. Sin far am bheil an da chuid an dùbhlan agus an cothrom.'

Tha taic Riaghaltais Alba do dh'Achd na Gàidhlig, a chaidh troimh Pharlamaid Alba an 2005, a' sealltainn gum bheil na ministearan Albannach gu math mothachail do na ceistean a thog am Prionnsa Tearlach. Tha tuilleadh fianais air seo ri lorg ann an co-dhunadh a' Riaghaltais 2007 ainmeachadh mar Bhliadhna Cultar Gàidhealach na h-Alba, oir bidh deagh chuid de Ghàidhlig sa bhliadhna. Ann a bhith a' cliùthachadh cultar Gàidhealach gu nàiseanta, ge-ta, tha riaghaltas Alba cuideachd an dòchas aithneachadh a thoirt dhan bhrosnachadh a thug gnothaichean cultarach do dh'ath-bheòthachadh eaconomaidh na Gàidhealtachd.

Mar a thuirt mi an seo shuas, chan eil aon adhbhar àraid air a' phiseach a thainig air a' Ghàidhealtachd bho chionn ghoirid. Ach se fear dhe na h-adhbharan – agus fear cudtromach – am misneachd a th'air a bhith a' sìor fhàs a-measg muinntir an àite. Faodar a bhith a' meòmhrachadh cionnas nach robh am misneachd sin ri lorg anns na làithean a dh'fhalbh, ach chan eil teagamh nach robh gnothach aig an tàire bhuan a dh'fhuiling Gàidhlig, le taic oifigeil, ris an t-suidheachadh; agus son a' chuid sin dheth, an tàire a chaidh a thilgeil air dualchas muinntir na Gàidhealtachd an ioma dòigh. Ma tha an ire mhath luchd-ùghdarrais air fad ag innse dhuit, mar dh'innis iad dha na Gàidheil fad ùine, nach fhiach thu fhèin is na bhuidhneas dhuit sian, chan ioghnadh gun cuireadh tu teagamh nad chomasan. Is ann mar sin a dh'fheumas polasaidh leasachaidh dhan Ghàidhealtachd is na h-Eileanan a bhith a' deanamh barrachd na bhith a' cumail taic airgid ri malairt ma tha piseach gu bhith air. Is e a bhith gu daingeann an sàs ann am misneachd sluagh an àite a shlànachadh a tha dhith. Is ann air sgath sin a tha feum againn air Ghàidhealtachd an dà chuid daoine agus coimhearsnachdan a bhrosnachadh gu bhith uasal as an

This approach is working. It's been a vital factor in rethinking, or repositioning, the Highlands as a place that's very much on the way back, not the way down. It's been equally vital in relation to fostering greater assurance on the part of people living here. In today's Highlands and Islands the consequences of the latter development are everywhere to be seen. They're evident in an above-average business start-up rate. They're evident too in the way that more and more communities right across the Highlands and Islands – a region once synonymous with absentee landlordism – are taking control of the land around them.

When, in 1992, the Swedish property company which then owned the North Assynt Estate put the estate on the market, the 21,300 acres offered for sale were expected to go – as had long been the standard pattern – to a buyer from far away. What was not anticipated was the outcome of a public meeting called, just after the estate had been advertised, by the local branch of the Scottish Crofters Union – a meeting at which the North Assynt Estate's crofting tenants decided to make their own collective bid for the property.

Crofting support for land reform wasn't new. In the early 1880s the Highlands and Islands had been convulsed, in a way not seen since Culloden, by rent-strikes, land seizures and other protest measures organised by the Highland Land League, the SCU's remote forerunner. This Land League campaign, however, was primarily concerned with obtaining security of tenure which, when conceded by government in the shape of the Crofters Act of 1886, made further clearances impossible. What had never been attempted, whether in the 1880s or subsequently, was the communal purchase of an entire crofting estate. Hence the massive public interest generated by the North Assynt purchase bid. A few dozen crofters in Sutherland had made up their minds to challenge, in the most direct fashion, an ownership structure which, though no longer as brutally exploitative as it had been, continued to deny the generality of Highland residents any real influence over the management of the region's most basic asset, its land. Donations – some of them said to have been chucked into buckets handed round in Glasgow pubs – began to pour into a North Assynt appeal fund. By the end of 1992, thanks in part to this sort of help, but thanks mostly to their own commitment to what

dualchas; gu bhith a' faireachadh math mun deidhinn fhèin is na tha mun timcheall; agus a shealltainn gun teid aig ar cearna, a dh'aindeoin gach cruaidh-chas a thainig oirre o shean, mòran a tha luach-mhor a thathainn dhan t-sluagh – biodh iad air fuireach innte o shean neo air tighinn innte as ùr.

Tha an dòigh seo ag obair. Tha e air a bhith cudtromach ann an ath-smaoineachadh mun Ghàidhealtachd mar àite a tha ag èirigh a rithist, chan ann a' tuiteam. Tha e air a bhith a cheart cho cudtromach a thaobh barrachd misneachd a bhrosnachadh a-measg an t-sluaigh a tha a' fuireach an seo. Ann an Gàidhealtachd is Eileanan an latha'n-diugh tha a' bhuil seo ri fhaicinn anns gach àite. Tha e follaiseach leis mar a tha gnothaichean ùra a' tòiseachadh nas trice na anns an fharsaingeachd. Tha e follaiseach cuideachd anns an dòigh sam bheil barrachd is barrachd choimhearsnachdan feadh na Gàidhealtachd is nan Eileanan air fad a' gabhail smachd air an fhearann mun cuairt orra, agus seo ann an cearna a bha ainmeil son uachdarain nach robh an làthair.

Nuair a chuir an companaidh Suaineach le'm bu leis Oighreachd Asainn a Tuath an oighreachd air a' mhargadh an 1992 bha làn dùil gun d'rachadh am fearann, 21,300 acair dheth, gu luchd-seilbh o fad as, mar bu trice a bhiodh a' tachairt. Cha robh idir dùil ris a' cho-dhunadh aig coinneamh phoblach a chaidh a gairm le meur ionadail Aonadh Chroitearan na h-Alba nuair a nochd an sanas – b'e sin gun tigeadh tuath na h-oighreachd còmhla son tairgse a chur a-staigh air a son.

Cha b'e rud ur sam bith a bh'ann an taic chroitearan son sealbh an fhearainn a leasachadh. Tràth anns na 1880an bha a' Ghàidhealtachd is na h-Eileanan air bhoil ann an dòigh nach fhacas o am Chul-lodair le stailcean-màil, gàbhail fearainn agus iomairtean làidir eile a dheasaich Land League na Gàidhealtachd, roimh-theachdaire Aonadh nan Croitearan o shean. B'e priomh adhbhar na h-iomairt ud, ge-ta, tearainnteachd san fhearainn fhaighinn do chroitearan, agus nuair a dh'aontaich an riaghaltas ri sin le Achd Chroitearan 1886 bha tuilleadh fhuadaichean do-dheànta. Ach cha do dh'fhiach muinntir coimhearsnachd riamh, anns na 1880an neo an dèidh sin, ri oighreachd shlàn chroitearachd a cheannach eatorra. Is mar sin bha ùidh mhòr aig a' mhòr-shluagh anns an oidhirp Asainn a Tuath

they were about, North Assynt's crofters had become their own lairds.

In the course of the last 15 years, dozens of other properties – extending in total to many hundreds of thousands of acres – have followed North Assynt into community ownership. One is the island of Gigha, bought by islanders in March 2002. In the five years since taking charge, Gigha's people have established Britain's first community-owned wind farm – its three turbines, known in Gigha as 'the dancing ladies', bringing in revenues in excess of £100,000 a year. In the course of the same five years, Gigha's population, which had dipped below a hundred, has risen by nearly 50 per cent, the number of children in the local school has practically trebled, several new homes have been built, previously existing homes have been refurbished, and a number of new, locally-owned, businesses have been set up.

In the contested country that is the Highlands and Islands, needless to say, community ownership has its critics. When in 2003 the Scottish Parliament passed a Land Reform Act intended to facilitate initiatives of the North Assynt and Gigha type, the Act was denounced in some quarters as Stalinist. Quite why is hard to understand. As the Gigha experience proves, if a locality's inhabitants – in a manner that's the precise reverse of Stalinist centralising – become responsible for the development of resources over which they previ-

NORTH LOCHINVER ESTATE (SALE BROCHURE)

(Edinburgh: 1992)

NATIONAL LIBRARY OF SCOTLAND/COURTESY OF JOHN CLEGG & CO

a cheannach. Bha dusan neo dha croitear an Cataibh air cur rompa dùbhlan dìreach a thoirt do shiostam seilbh na tìre; agus ged nach robh e nise cho brùideil trom air daoine 's a bha e uair, bha an siostam sin fhathast a' diùltadh dhan mhòr-chuid de luchd na Gàidhealtachd buaidh sam bith thar riaghladh an rud as luachmhoire 'sa chearna, am fearann. Thòisich tabhartasan air sruthadh a-staigh gu maoin Asainn a Tuath, cuid dhiubh an airgead a chaidh a thilgeil ann am bucaidean an taighean-seinnse Ghlaschu. Mu dheireadh 1992, taing gu ìre son an seorsa taic seo ach gu ìre nas motha son an creideas anns an rud san robh iad an sàs, bha croitearan Asainn a Tuath nan uachdarain orra fhein.

Anns na 15 bliadhna a dh'fhalbh tha na dusanan de dh'oighreach-dan eile – moran cheudan mhìltean acraichean dhiubh air fad – air a dhol fo shealbh coimhearsnachd cleas Asainn a Tuath. Se fear dhiubh eilean Ghiogha, a cheannaich na h-eileanaich sa Mhàrt 2002. Anns na coig bliadhna bhon ghabh iad sealbh tha muinntir Ghiogha air a' chiad tuathanas-gaoithe coimhearsnachd am Breatainn a stèidheachadh – tha a thrì roth-chrainn, neo na 'caileagan dannsa' mar a th'aig na Gioghaich orra, a' cosnadh barrachd is £100,000 sa bhliadhna. Anns an dearbh choig bliadhna tha sluagh Ghiogha, a bha air tuiteam fon cheud, air èirigh cha mhor 50 sa cheud, tha àireamh clann sgoile an eilein an ire mhath tri-fillte, chaidh na h-uiread de thaighean ùra thogail, chaidh seann taighean a leasachadh as ùr, agus chaidh àireamh de ghnothaichean ùra a chur air bhonn fo shealbh eileanaich.

Ann an tìr fo dheasbad mar a' Ghàidhealtachd is na h-Eilean tuigear nach eil sealbh coimhearsnachd gun luchd-cronachaidh. Nuair a chuir Parlamaid Alba troimhe Achd Leasachaidh Fearainn an 2003 son oidhirpean leithid Asainn a Tuath agus Giogha a chuideachadh, chaidh an t-Achd a chàineadh le cuid mar 'Stalinist'. Tha e doirbh a thuigsinn buileach carson. Mar a tha na thachair an Giogha a' dearbhadh – is e calg-dhireach an aghaidh cùmhachd a ghlèidheadh anns a' mheadhon – ma gheibh muinntir coimhear-snachd cùram son a bhith a' leasachadh beairteas air nach robh smachd sam bith aca roimhe, theid mòran neart adhartais a shaoradh.

Ann an 1969 ann am 'Fear an Asainn', bàrdachd anns am bheil mòran meòmhrachaidh air Asainn mar a bha e nuairsin is mar a dh'fhaodadh e a bhith, dh'fhoighnichd Tormod MacCaoig:

53

ously had no jurisdiction, a great deal of entrepreneurial energy is thereby unleashed.

In Norman MacCaig's 1969 poem, 'A Man in Assynt', the product of much reflection on Assynt as it then was and as it might have been, MacCaig asked:

> *Who owns this landscape? –*
> *The millionaire who bought it or*
> *the poacher staggering downhill in the early morning*
> *with a deer on his back?*

Contemplating Assynt's cleared townships, and experiencing – on so doing – deep anguish of the sort felt by Sorley MacLean when he reflected on the similarly emptied township of Hallaig on Raasay, MacCaig went on:

> *Or has it come to this,*
> *that this dying landscape belongs*
> *to the dead, the crofters and fighters*
> *and fishermen whose larochs*
> *sink into the bracken*
> *by Loch Assynt and Loch Crocach? –*
> *to men trampled under the hoofs of sheep*
> *and driven by deer to*
> *the ends of the earth – to men whose loyalty*
> *was so great it accepted their own betrayal*
> *by their own chiefs and whose descendants now*
> *are kept in their place*
> *by English businessmen and the indifference*
> *of a remote and ignorant government.*

In his poem's concluding passages, MacCaig compares the de-populating of Assynt with the Atlantic tide that daily makes 'its huge withdrawal' from the district's shores and beaches. Wistfully, he

> *... remembers with certainty that the tide will return*
> *and thinks, with hope, that that other ebb,*

Co leis an tìr seo? –
Am muilleanair a cheannaich e neo
am poidsear a' tearnadh sliabh chorrach moch-thrath
le fiadh air a dhruim?

Nuair a bha e a' beachdachadh air na bailtean a chaidh fhàsachadh an Asainn, dh'fhairich MacCaoig an aon seòrsa amhghair gheur a dh'fhairich Somhairle MacGilleain is e a' beachdachadh air Hallaig an Ratharsair, baile chaidh fhàsachadh air an aon doigh. Agus lean MacCaoig:

Neo an e seo ìre na cùise,
gum buin an tìr bàsmhor seo dha na mairbh,
na croitearan is na diùlnaich is na h-iasgairean
is an làraichean a' dol fodha fon raineach
ri taobh Loch Asainn is Loch Crocach? –
do dh'fhir chaidh a phronnadh fo ladhran neo caoraich
is a chaidh an sgiùrsadh le fèidh
do chriochan an t-saoghail – do dhaoine le dìlseachd
cho mòr 's gun do ghabh e ri'm brathadh fhèin
le'n cinn-feadhna fhèin is tha an sliochd a-nise
air an cumail nan àite
le luchd-gnothaich Shasannach agus cion suim
riaghaltais fad as is aineolach.

Aig deireadh an dàin tha MacCaoig a' coimeas fàsachadh Asainn ri tràghadh a' Chuain Shiar a tha gach latha a' toirt 'an taomadh mor' bho chladaichean is thràighean na sgìre. Le ionndrainn tha e

a' cuimhneachadh le cinnt gun till an t-seòl-mhara
's a' smaointinn, le dòchas, gum faod an tràghadh eile,
tràghadh tùrsach an t-sluaigh, cuideachd
tilleadh air fhèin is na bàghan a liònadh
is na glinn fasgach le gineal ùr a ni
torrach an tìr le beairteas ro bheairteach
is, mu dheireadh, an cuid fhein a chosnadh.

that sad withdrawal of people, may, too,
reverse itself and flood
the bays and the sheltered glens
with new generations replenishing the land
with its richest of riches and coming, at last,
into their own again.

Today, across much of the Highlands, this has started to happen. Partly, as in Gigha, repopulation is bound up with the fact that there, as in North Assynt, poachers – to borrow Norman MacCaig's contrasting categories – have taken the place of the millionaire proprietors who formerly seemed so immovable. But the re-peopling of the Highlands, as stressed already, has other – much wider – causes. And because the re-peopling process, as also stressed, has brought into the Highlands big numbers of folk who have no previous link with our area, this process poses, in a new context, MacCaig's insistent query:

Who possesses this landscape? –
The man who bought it or
I who am possessed by it.

An diugh, feadh mòran dhen Ghàidhealtachd, tha seo air tòiseachadh ri tachairt. Gu ìre, mar thachair an Giogha is Asainn a Tuath, tha sluagh a' tilleadh a chionn 's – ma dh'fhaodas mi an dà dhifir seorsa dhaoine aig MacCaoig a chleachdadh – gum bheil na poidsearan air àite nan uachdaran beairteach, air nach robh coltas uair gun caraichte iad, a ghàbhail thairis. Ach, mar thuirt mi cheana, tha adhbharan eile is nas farsainge ann son ath-shluaghachadh na Gàidhealtachd. Agus, mar thuirte cuideachd, tha an t-ath-shluaghachadh seo air àireamh mhòr dhaoine a thoirt a-staigh dhan Ghàidhealtachd aig nach robh ceangal sam bith ri ar tìr roimhe – rud a tha a' togail, ann an suidheachadh ùr, a' cheist gun lasachadh aig MacCaoig:

> *Co aig tha sealbh air an tìr seo? –*
> *Am fear a cheannaich e neo*
> *Mise tha ceangailte leis*

Aig deireadh cùise, mar dh'aidich Tormod MacCaoig, is iad seo 'ceistean meallta' – bha tìr na Gaidhealtachd riamh, ann am faclan MhicCaoig, 'gun mhaighstir is do-cheannsaichte'. Mar sin chan eil gnothach idir aig sealbh ri grinneasan laghail leithid còirichean-

Ultimately, as Norman MacCaig acknowledged, these are 'false questions' – the Highland landscape, in MacCaig's words, having been always 'masterless and intractable'. Possession, on this basis, has nothing to do with the legal niceties of title deeds or feudal charters. Instead it's a function of an impassioned affinity for place and location – affinity of the type Norman MacCaig felt for Assynt. And since affinity for the Highlands isn't – and can't be – restricted, no one has an exclusive claim on either the area as a whole or any part of it.

This is as true of ethnic and other groups as it is of aspiring lairds. When trying to give a flavour of our contested country, then, it's a mistake, I think, to prioritise any single set of people. That's why, when touching in preceding pages on the complexities of Highland history, I've done little more than make the point that anyone looking to give an account of this history has a wide choice of narrative paths to follow. This way to the Highlands of the Vikings; that way to the Highlands of the Gaels. Here are the Highlands of clans and clanship; there the Highlands of James Macpherson, Walter Scott and Queen Victoria. In one direction we have absentee landlords and sporting estates; in another the Isle of Gigha Community Trust.

So one could continue; for there are many, many Highlands. Some of them overlap. Others are in conflict. And always there are further Highlands being added to the list. The latest of these consists of the Highlands as envisaged, and in part shaped, by our recent incomers. Their Highlands will differ, maybe substantially, from those older Highlands with which we're more familiar. But this new Highlands will be every bit as valid, every bit as meritorious, as all the Highlands that have gone before.

Professor James Hunter is director of the UHI Centre for History, UHI being the prospective University of the Highlands and Islands. The author of eleven books on Highlands and Islands themes, James Hunter has also been active in the public life of the region. He was the first director of the Scottish Crofters Union, now the Scottish Crofting Foundation, and from 1998 until 2004 was chairman of Highlands and Islands Enterprise. Presently, James Hunter is a member of the board of Scottish Natural Heritage, chairman of the Isle of Eigg Heritage Trust and vice-chairman of Highland 2007, the multi-agency grouping which organised Scotland's Year of Highland Culture.

sgrìobhte neo cairtean fiùdalach. An àite sin tha gnothach aige ri dàimh dhealasach ri àite is cearna – an sèorsa dàimh a bh' aig Tormod MacCaoig ri Asainn. Agus a chionn 's nach eil is nach gabh dàimh ris a' Ghàidhealtachd a bhith air a cuingleachadh, chan eil còir air leth aig duine seach duine air an dùthaich air fad neo air pàirt seach pàirt dhith.

Tha seo cho fìor mu chinnich is buidhnean eile is a tha e mu uachdarain. Mar sin, nam bheachd-sa se mearachd a bhiodh ann priomhachas a thoirt do dh'aon bhuidheann àraid is mi a' toirt blasad de ar tìr fo dheasbad. Air sgàth sin, a' suathadh air eachdraidh chamalubach na Gàidhealtachd an seo shuas, cha d'rinn mi cus a bharrachd na ràdha gum bheil roghainn fharsaing de shlighean aig neach a bhiodh son an eachdraidh sin innse. Tha slighe ann gu Gàidhealtachd nan Lochlannach; slighe eile gu Gàidhealtachd nan Gàidheal. Tha Gàidhealtachd nam fineachan ann; agus Gàidhealtachd Sheumais Mhicphearsain is Walter Scott is na Bàn-righinn Victoria. An taobh seo tha uachdarain cèin is frìthean seilg; an taobh eile Urras Coimhearsnachd Eilean Ghiogha.

Dh'fhaodainn leantainn; tha ioma, ioma Gàidhealtachd ann. Tha cuid a' tàthadh. Cuid eile ri strì. Agus daonnan tha Gàidhealtachdan ùra dol ris an àireamh. Is i a' Ghàidhealtachd a tha na coigrich ùra a' faicinn, is gu ìre a' cumadh, an te as ùire. Bidh ise difrichte, is docha gu mòr, bho na seann fheadhainn air am bheil sinn nas eòlaich. Ach bidh a' Ghàidhealtachd ùr seo a cheart cho èifeachdach, is cho airidh, ris a h-uile tè a chaidh roimpe.

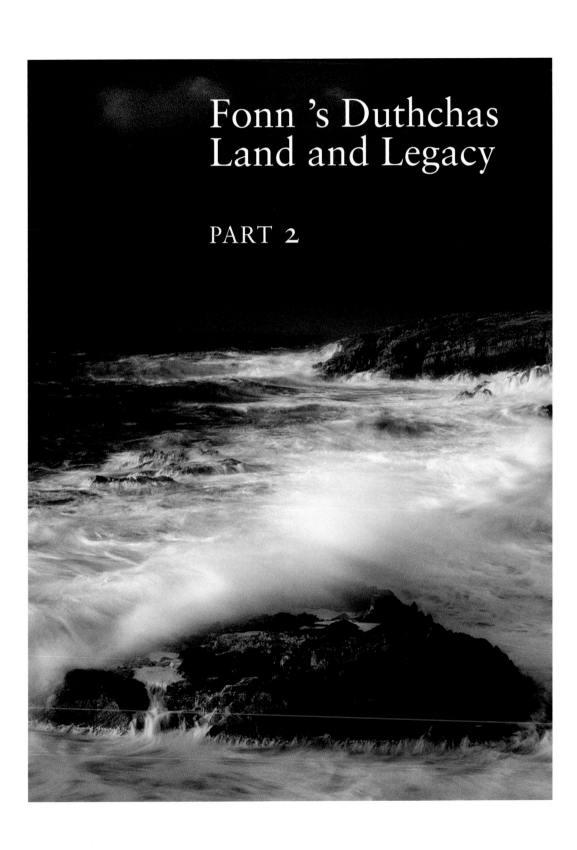

Fonn 's Duthchas
Land and Legacy

PART 2

Coimhearsnachdan
Ceangailte

Connected Communities

FOR centuries the Highlands and Islands of Scotland were a place where prospects were so poor that people had to move away to earn a living. Now the opposite is true. The modern Highlands are gaining population at a remarkably rapid rate – faster than almost any other part of Scotland.

There is a high quality of life on offer to established Highlanders and new Highlanders alike. Basic to this quality of life is the most outstanding natural environment in Europe. Equally basic to Highland success is the survival in the Highlands of an ancient and distinctive culture.

The region is experiencing a renaissance. Age-old barriers of distance have been broken down as a result of the Highlands having embraced new computing and telecommunications technologies which have made the 'connected community' a key feature of the contemporary Highland scene.

Breanish, Isle of Lewis (previous page) and Campster Cairns (left).
PHOTOGRAPHS © CRAIG MACKAY

AIRSON linntean bha Gàidhealtachd is Eileanan na h-Alba nan àiteachan far an robh cothroman cosnaidh cho truagh 's gun robh aig daoine ri fàgail airson bith-beò a dhèanamh. A-nis, tha a' chaochladh fìor. Tha Gàidhealtachd an là an-diugh a' buannachadh sluagh aig astar a tha air leth luath – nas luaithe na, cha mhòr, pàirt sam bith eile de dh'Alba.

Tha deagh dhòigh-beatha aig Gàidheil stèidhichte is aig Gàidheil ùra le chèile. Tha an àrainneachd nàdarra as barraichte san Roinn Eòrpa na bunait dhan dòigh-beatha seo. Tha maireannachd sa Ghàidhealtachd de sheann chultar shònraichte a cheart cho bunaiteach dha soirbheachadh Gàidhealach.

Tha an roinn a' dol tro ath-nuadhachadh. Tha seann bhacaidhean an astair air an cur à bith ri linn 's gu bheil a' Ghàidhealtachd air gabhail ri teicneòlasan ùra coimpiutaireachd is tele-chonaltraidh a tha air 'coimhearsnachd cheangailte' a dhèanamh de Ghàidhealtachd an là an-diugh.

Fast broadband and a wireless network installed at the Nevis Range, allowed up-to-the minute footage of the Mountain Bike International Cycling Union World Cup to be broadcast worldwide in seconds from Fort William.

Sabhal Mòr Ostaig, on Skye, Scotland's only Gaelic College, brings together the arts, culture, language and the latest technology in one of the most beautiful parts of the Highlands and Islands.

The opening of Scotland's first community-owned wind farm, on the isle of Gigha, in 2005. The wind farm has been supported by the HIE network and is the first of its kind to be connected to the national grid.

TODAY many of the icons and legends which we associate with Scottish national identity have strong roots in a Highland past. This representation of identity is most vividly seen through the iconic status bestowed on the kilt and tartan as national dress.

For centuries Highlanders were feared, perceived as a wild and savage race, but this image was to change dramatically. The Highland army of Prince Charles Edward Stuart, 'Bonnie Prince Charlie', was so successful in its attempt to gain the British throne that it was able to march on London. But it retreated north and was defeated at the Battle of Culloden in 1746.

In defeat the Highlander was consigned to the pages of novels and song sheets, becoming a romantic folk hero clad in tartan. This romantic 19th-century image expanded to include the landscape, and caught the imagination of British royalty whose endorsement only served to popularise the image even more. These images have evolved into the iconic symbols of national identity so closely associated with Scotland today.

Tartan sample.

NATIONAL MUSEUMS SCOTLAND

AN-DIUGH, tha freumhan daingeann ann an Gàidheal-tachd o chian aig mòran de na h-ìomhaighean is na h-uirsgeulan a bhios sinn a' ceangal ri ionannachd nàiseanta Albannach. 'S ann tron inbhe ìomhaigheil a chaidh a bhuileachadh air an fhèileadh is an tartan mar èideadh nàiseanta a tha an riochdachadh ionannachd seo ri fhaicinn nas soilleire.

Airson linntean bha na Gàidheil a' dùsgadh eagal, mar chinneadh a bha fiadhaich, borb ach bha an ìomhaigh seo gu bhith air a h-atharrachadh gu tur. Bha feachd Ghàidhealach Prionnsa Teàrlach Eideart Stiùbhairt, 'Am Prionnsa Teàrlach Bòidheach', cho soirbheachail nan oidhirp air crùn Bhreatainn a bhuannachadh 's gun deach aca air caismeachd a dh'ionnsaigh Lunnainn. Ach theich iad gu tuath agus chaidh buaidh fhaighinn orra aig Blàr Chùil Lodair ann an 1746.

Na chall, chaidh an Gàidheal a chuidhteachadh gu duilleagan nobhailean is òrain, na ghaisgeach romansach ann an tartan. Leudaich ìomhaigh romansach na 19mh linne gus an dùthaich fhèin a ghabhail a-steach agus ghlac i mac-meanmna teaghlach rìoghail Bhreatainn. B' ann a chuir an taic seo tuilleadh ris an ìomhaigh. Tha na h-ìomhaighean sin air an toirt gu bith ann an samhlaidhean ìomhaigheil na h-ionannachd nàiseanta a tha cho co-cheangailte ri Alba an là an-diugh.

TITLE PAGE OF *THE COSTUME OF THE CLANS* [detail]

By John Sobieski Stuart and Charles Edward Stuart (1844)

NATIONAL LIBRARY OF SCOTLAND

OSSIAN TITLE PAGE [detail]

The Poems of Ossian in the original Gaelic with a Latin translation, which also includes a dissertation on the authenticity of the poems.

NATIONAL LIBRARY OF SCOTLAND

WINE GLASS WITH JACOBITE MOTIFS, *c.*1745-50 [detail]

Such glasses, engraved with Jacobite emblems and mottos, encouraged secret support of the exiled Stuart monarchy.

NATIONAL MUSEUMS SCOTLAND

The Highland Habit

Tartan plaid was a hallmark of a cultured Highland society. This portrait of Mungo Murray (above), painted in the 17th century, represents a sophisticated Gaelic people who, through their political and military activities, were extremely influential in most parts of Europe. The painting offers a very different image to the wild Highlander of popular perception.

After Culloden in 1746, tartan and Highland dress were banned as part of an attempt to destroy Highland culture. Later, however, Highlanders were recruited into the British Army where tartan survived as military uniform.

John and Charles Sobieski Stuart, said to be descendants of 'Bonnie Prince Charlie', were instrumental in establishing the notion of historical Highland dress in the 19th century. Such was the enthusiasm for their books on the subject that the artist John Martin sought their advice for his painting of Macbeth, King of Scots (see page 82).

From clan gathering to catwalk, tartan is internationally recognised today. With over 4000 named tartans in existence, the appeal of tartan continues to grow as new tartans are created every year.

LORD MUNGO MURRAY

By John Michael Wright, c.1683

Lord Mungo Murray, the fifth son of the 1st Marquis of Atholl, a great Highland chieftain, is depicted on a visit to the 1st Duke of Ormonde in Ireland by the leading Scottish artist, John Michael Wright, who was normally based in London. Lord Mungo is dressed for deer-hunting in finest plaid and is armed with a flintlock sporting gun, two scroll butt pistols, dirk and a ribbon-basket sword. Murray died young at 32, fighting the Spanish in Panama during the vain attempt to establish the Scottish colony of Darien.

SCOTTISH NATIONAL PORTRAIT GALLERY

AN ACT FOR THE MORE EFFECTUAL DISARMING THE HIGHLANDS IN SCOTLAND

(Edinburgh: 1746)

After the defeat of Bonnie Prince Charlie at Culloden in 1746, this Act of Parliament sought to pacify the Highlands by effectively disarming the inhabitants and 'restraining the use of Highland dress' as a symbol of cultural identity.

NATIONAL LIBRARY OF SCOTLAND

An t-Èideadh Gàidhealach

Bha breacan tartain na chomharra air comann cultarach Gàidhealach. Tha an dealbh seo de Mhungo Moireach, a chaidh a pheantadh san 17mh linn, a' riochdachadh sluagh urramach Gàidhlig, a bha, tro an gnìomhachadh poilitigeach is cogail, air leth cumhachdach ann am mòran phàirtean den Roinn Eòrpa. Tha an dealbh a' toirt seachad ìomhaigh a tha tur eadar-dhealaichte bhon Ghàidheal bhorb a bha an inntinn dhaoine.

An dèidh Chùl Lodair ann an 1746, chaidh tartan agus an t-èideadh Gàidhealach a thoirmeasg mar phàirt den oidhirp cultar Gàidhealach a chur à bith. An dèidh sin, ge-tà, chaidh Gàidheil a thogail dhan Arm Bhreatannach far an robh tartan mar èideadh àrmailteach.

Bha Iain is Teàrlach Sobieski Stiùbhart, a bhathas a' meas a bhith de shliochd 'a' Phrionnsa Bhòidhich', mar mheadhan air stèidheachadh an èididh eachdraidheil Ghàidhealaich san 19mh linn. Bha a leithid de dh'ùidh nan leabhraichean air a' chuspair seo 's gun do dh'iarr an dealbhadair, Iain Màrtainn, comhairle orra nuair a bha e a' peantadh MacBeatha, Rìgh na h-Alba.

Bho cruinneachadh cinnidh gu taighean-fasain, tha tartan air aithneachadh gu h-eadar-nàiseanta an-diugh. Le còrr air 4000 tartan ann, tha tàladh an tartain a' leantainn a' fàs mar a tha tartanan ùra gan cruthachadh gach bliadhna.

Pen to Paper

Within a generation of the Battle of Culloden, in the late 18th century, the Highlander was transformed into a national hero. James Macpherson's poetry of Ossian, said to be a Gaelic bard, swept through both Britain and Europe creating a fascination with the Highlands.

Sir Walter Scott's accounts of the Highlands made them a popular tourist destination for the first time. In his novel *Rob Roy* he cleverly made use of historical fact in his fictional tale. Like Scott, Robert Louis Stevenson also set his novel *Kidnapped* against the dramatic backdrop of the Highlands.

In the 20th century Compton Mackenzie drew inspiration from island communities, with their traditional values and wry humour outwitting the forces of the state, for his novel *Whisky Galore*.

The Highlands have come to provide a rich source of inspiration for the stage and screen. 'Brigadoon', one of the more enduring and popular musicals, presents one of the most overly romantic and sentimental views of the Highlands.

JAMES MACPHERSON (1736-96) [detail]

By an unknown artist after Sir Joshua Reynolds, 1761

SCOTTISH NATIONAL PORTRAIT GALLERY

OSSIAN, FILS DE FINGAL, BARDE DU TROISIÈME SIÈCLE; POÉSIES GALLIQUES

By James Macpherson (Paris: 1799)

Napoleon Bonaparte was one of the great admirers of Ossian's poems. This edition, in a French translation by Le Tourneur, is in an armorial binding which shows that it comes from Napoleon's library at Fontainebleau.

NATIONAL LIBRARY OF SCOTLAND

ROB ROY MACGREGOR

From K MacLeay: *Historical Memoir of Rob Roy* (1881)

NATIONAL MUSEUMS SCOTLAND

SPORRAN WITH CONCEALED PISTOLS, 18th century

Sporran clasp with four concealed pistols which could be fired by turning a mechanism in the clasp, given in 1783 to the Society of Antiquaries of Scotland by Francis MacNab of MacNab. When Walter Scott saw the sporran, he was so intrigued that he wrote it into his novel, *Rob Roy*: *"'I advise no man to attempt opening the sporran till he has my secret," said Rob Roy, ... "This," said he, touching the pistol – "This is the keeper of my privy purse.'"*

NATIONAL MUSEUMS SCOTLAND

Peann gu Pàipear

Taobh a-staigh ginealaich an dèidh Blàr Chùil Lodair aig deireadh na 18mh linne, bha an Gàidheal air a chruth-atharrachadh na ghaisgeach nàiseanta. Sgaoil bàrdachd Sheumais Mhic a' Phearsain mun bhàrd Ghàidhlig, Oisean, tro Bhreatainn is tron Roinn Eòrpa, a' cruthachadh tarraing shònraichte dhan Ghàidhealtachd.

Rinn cunntasan Shir Bhàltair Scott a' Ghàidhealtachd na h-àite tarraingeach airson a' chiad uair dha luchd-turais. Na nobhail, *Rob Roy*, chleachd e fìrinn eachdraidheil gu gleusta na sgeulachd. Dìreach mar Scott, shuidhich Raibeart Louis Stevenson an nobhail aige, *Kidnapped*, ann an cùl-raon dhràmadach na Gàidhealtachd.

San 20mh linn fhuair Compton MacCoinnich brosnachadh bho coimhearsnachdan eileanach le an cleachdaidhean traidiseanta agus an àbhachdas fhìar a thug a' char à cumhachdan na stàite airson a nobhail, *Whisky Galore*.

Tha a' Ghàidhealtachd air a thighinn gu bhith na stòras bheairteach bhrosnachail dha stèids is scrion. Tha 'Brigadoon', aon de na taisbeanaidhean-ciùil as seasmhaiche is as taitniche, a' tarraing aon de na seallaidhean as romansaiche den Ghàidhealtachd.

Royal Patronage

THE LYON IN MOURNING

By Bishop Robert Forbes, 18th century

In the years after the defeat at Culloden of the last Jacobite rising, Forbes compiled in ten volumes this account of the activities of Prince Charles Edward Stuart and his followers which concentrated on the 'dangers and distresses' suffered in his cause. Pasted into the 2nd volume are relics of the Prince and Flora MacDonald; fragments of his Garter ribbon, sword-hilt lining, and of her dress, have been carefully preserved.

NATIONAL LIBRARY OF SCOTLAND

The Highland Society of London was founded in 1778 to preserve and promote Gaelic culture. The Duke of Sussex was an enthusiastic member of the society. The visit of his elder brother, King George IV, to Scotland in 1822 was stage-managed by Sir Walter Scott.

Presented as Highland extravaganza, the event saw sales of tartan rise dramatically. This was a very different affair from the previous Royal visit, when the rash but charismatic 'Bonnie Prince Charlie' landed at Arisaig in July 1745 determined to reclaim the British throne.

By the mid-19th century the Highlands had become not only fascinating but respectable, allowing the young Queen Victoria to buy a Highland estate which Prince Albert transformed, creating a new Balmoral Castle.

Today the present Royal Family maintains a strong association with the region. In a speech given at Sabhal Mòr Ostaig, in Skye in 2004, Prince Charles paid tribute to the Gaelic legacy: '*In my view, the Scottish identity as a whole is immeasurably enriched by its Gaelic dimension ....*'

PRINCE CHARLES EDWARD STUART [detail]

By Antonio David, 1732

The eleven-year-old Prince ('The Young Pretender' as he was known to his Hanoverian enemies) is shown wearing an elegant powdered wig as well as the Orders of the Garter and the Thistle. A Venetian artist painted this portrait in Rome for the Prince's exiled father, Prince James Francis Edward Stuart ('The Old Pretender'). The prettiness of the picture has made it one of the best-known Jacobite images.

SCOTTISH NATIONAL PORTRAIT GALLERY

Cùl-taic Rìoghail

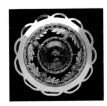

GEORDIE and WILLIE "Keeping it up"—JOHNNY BULL pays the PIPER !!

Published Sept. 3, 1822, by John Fairburn, Broadway, Ludgate Hill.

Chaidh Comunn Gàidhealach Lunnainn a stèidheachadh ann an 1778 airson cultar na Gàidhlig a ghleidheadh is adhartachadh. Bha Diùc Shussex na bhall dealasach den chomann. Chaidh turas Rìgh Seòras IV, a bhràthair bu shine, a dh'Alba ann an 1822, a chur air dòigh le Sir Bhàltair Scott.

Foillsichte mar shròdhalachd Ghàidhealach, bha an tachartas na adhbhar gun do dh'èirich reic an tartain gu mòr. Bha seo gu math eadar-dhealaichte bhon turas Rìoghail a bh' ann roimhe nuair a thàinig 'Am Prionnsa Bòidheach' bras, tarraingeach air tìr ann an Arasaig san Iuchar 1745 's e a' cur roimhe crùn Bhreatainn a bhuannachadh.

Mu mheadhan na 19mh linne bha a' Ghàidhealtachd air a thighinn gu bhith, cha b' ann a-mhàin, tarraingeach, ach urramach, a' toirt cothrom do Bhànrigh òg Bhictoria oighreachd Ghàidhealach a cheannach, air an do rinn am Prionnsa Albert leasachadh, a' cruthachadh Caisteal ùr Bail' Mhoireil.

An-diugh, tha an Teaghlach Rìoghail a' cumail ceangal làidir ris an àite. Ann an òraid a thug e seachad aig Sabhal Mòr Ostaig, san Eilean Sgitheanach ann an 2004, mhol Am Prionnsa Teàrlach dìleab na Gàidhlig: '*Nam bheachd-sa tha a' Ghàidhlig air luach gun phrìs a chur ri ionannachd na h-Alba gu h-iomlan ….*'

IMAGE OF GEORGE IV IN TIGHTS, ETC ON VISIT TO SCOTLAND OF 1822

George Cruikshank, etching; from William Hone: *The Northern excursion of Geordie, Emperor of Gotham, and Sir Willie Curt-his, the court buffoon, &c. &c.* (London: 1822)

George Cruikshank's etching accompanies a satirical work by William Hone on George IV's visit to Scotland. The King and his side-kick Sir William Curtis are lampooned for their attempts to ingratiate themselves with the locals.

NATIONAL LIBRARY OF SCOTLAND

PLAID BROOCH

Ring-style plaid brooch said to have been presented to John Bàn Mackenzie, Piper to the Marquis of Breadalbane, by Queen Victoria in 1854.

NATIONAL MUSEUMS SCOTLAND

QUEEN VICTORIA

Engraving, from Queen Victoria: *Duilleagain a Leabhar Cunntas ar Beatha anns a Ghaidhealltachd bho 1848 gu 1861 (Leaves from the Journal of our Life in the Highlands)* (Edinburgh: 1878)

Composed in the wake of the death of her beloved husband Prince Albert, the book helped to attract thousands of visitors to what became known as 'Royal Deeside'.

NATIONAL LIBRARY OF SCOTLAND

Àrainneachd na Gàidhealtachd

The Highland Landscape

The North division of the country is chiefly an assembly of vast dreary mountains ....

[*General Gazetteer*, 18th century]

THE Highlands and Islands are one of the most beautiful regions in the world, but prior to the 19th century they were generally seen as cold, sinister places. A different view of the Highlands grew as steamships and railway networks made them more accessible to the new breed of 'tourist' who delighted in this scenery of vast rugged mountains.

Although mapped on the very edge of Europe, the Highlands and Islands are at the forefront of global environmental and political issues. The subjects of ownership, land-use and conservation generate huge debate.

Stac Pollaidh, Wester Ross.
PHOTOGRAPH © CRAIG MACKAY

'S e co-chruinneachadh ro-mhòr de bheanntan gruamach a
th' ann an ceann a tuath na dùthcha ....

[*General Gazetteer*, 18mh linn]

'Si a' Ghàidhealtachd is na h-Eileanan aon de na ceàrnaidhean as brèagha san t-saoghal, ach ron 19mh linn bhathas gam faicinn sa chumantas mar àite fuar bagarrach. Dh'fhàs ìomhaigh eadar-dhealaichte den Ghàidhealtachd mar a rinn soithichean-smùide is lìonraidhean rèile na bu ghoireasaiche i dhan ghnè ùr de 'neach-turais' a bha a' gabhail tlachd san àrainneachd seo de bheanntan mòra corrach.

Tha an àrainneachd seo de ghleanntan cumhang is lochan domhainn air lìonra nan rathaidean, rèilichean is bhàtaichean-aiseig a shocrachadh. Tha gnìomhachasan ionadail an urra ri aimsir is goireasan nàdarra na roinne.

Ged a tha iad suidhichte air fìor iomall na Roinn Eòrpa, tha a' Ghàidhealtachd is na h-Eileanan an teis mheadhan cùisean co-cheangailte ri àrainneachd dhomhanta is poilitigs. Tha nithean co-cheangailte ri sealbh, fearann is glèidhteachas a' brosnachadh mòran deasbaid.

NEW MAP OF THE WESTERN ISLES OF SCOTLAND [detail]

By Martin Martin, 1703

Published in *Description of the Western Isles*, this is probably the earliest surviving map of the Hebrides compiled by a Gaelic-speaking native.

NATIONAL LIBRARY OF SCOTLAND

PONT MAP, FROM A SERIES ON NORTH WEST SCOTLAND [detail]

By Timothy Pont, *c*.1583-1601

A detail from Timothy Pont's map of Strathnaver (see also page 76).

NATIONAL LIBRARY OF SCOTLAND

SURVEY OF ASSYNT [detail]

By John Home, 1774

NATIONAL LIBRARY OF SCOTLAND /
COURTESY OF THE COUNTESS OF
SUTHERLAND

Mapping the Landscape/
A' Mapadh Cruth na Tìre

SCOTIAE TABULA

By Abraham Ortelius, 1573

This map by the Flemish cartographer Abraham Ortelius tilts Scotland on its side, perhaps to fit better the Atlas it was engraved for. It was based on Gerard Mercator's 1564 map of the British Isles, the most detailed and best of the 16th century. However, its distortions and blank spaces, particularly in the Highlands, highlight the relatively poor geographical knowledge of the area at the time.

NATIONAL LIBRARY OF SCOTLAND

The landscape of the Highlands and Islands has been repeatedly mapped and recorded over the centuries. Each generation of cartographers has updated and re-drawn maps and charts, and the contrasting cultural and political perspectives of their makers can often be seen.

The Victorian artist depicted the Highland landscape as a romantic, untamed wilderness. Today artists physically interact with the landscape through events like 'The Storr: Unfolding Landscape' (see page 9). The event drew thousands of people to the Old Man of Storr in Skye, where an installation of light and music entertained audiences for over six weeks.

Tha àrainneachd na Gàidhealtachd is nan Eilean air a bhith air a mapadh is air a clàradh uair is uair tro na linntean. Tha gach ginealach de chartografairean air mapaichean is cairtean-iùil ùrachadh is ath-tharraing mar a bha fiosrachadh ùr saidheansail a' leasachadh puncalachd obair-mhapa.

Bha an dealbhadair Bhictòrianach a' peantadh àrainneachd na Gàidhealtachd mar fhàsach romansach neo-cheannsaichte. Tha luchd-ealain an là an-diugh ag eadar-obrachadh le cruth na tire tro thachartasan leithid 'An Stòr: A' fosgladh na h-àrainneachd'. Thàlaidh an tachartas na mìltean dhaoine gu Bodach an Stòir san Eilean Sgitheanach, far an robh stàladh de sholas is de cheòl na chur-seachad aig luchd-amhairc airson còrr air sia seachdainean.

Geologists' Paradise/Pàrras Geolaichean

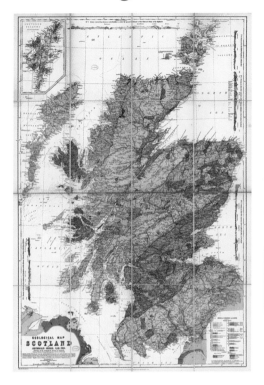

GEOLOGICAL MAP OF SCOTLAND

By Archibald Geikie, 1876

Geikie (1835-1924) was one of the most influential of 19th-century British geologists. This map illustrates the rapidly emerging and contested geological knowledge at this time, particularly the stratigraphic theories of the then Director General of the Geological Survey, Roderick Murchison, that were being challenged by new evidence in the field.

NATIONAL LIBRARY OF SCOTLAND

HUGH MILLER [detail]

By D. O. Hill and R. Adamson, 1843

The son of a Cromarty fisherman, Hugh Miller (1802-56) was initially a mason, then turned to writing. In his spare time he investigated Scotland's impressive geology and became a bestselling author on the subject.

SCOTTISH NATIONAL PHOTOGRAPHY COLLECTION

The Highland landscape was formed by powerful geological forces that folded and faulted the rocks; the landscape was then carved by glaciers that left a legacy of sheer mountainsides, narrow glens and deep lochs.

Geologists have been attracted to the rocks exposed in this landscape ever since the science of Geology began to develop during the 18th century. Many established theories were tried out and new ideas developed, helping to provide the foundations for modern geological knowledge.

Today the region continues to provide new information that allows geologists to re-interpret how the geological structures were formed, encouraging mineral exploration and resulting in the discovery of previously unknown deposits of ore.

Chaidh àrainneachd na Gàidhealtachd a chruthachadh le fòrsaichean geòlasach làidir a phaisg is a sgolt na creagan; an uairsin chaidh an tìr a shnaigheadh le eigh-shruthan a dh'fhàg dìleab de shlèibhtean casa, ghlinn chumhang agus lochan domhainn.

Tha arceòlaichean air a bhith air an tarraing gu na creagan a tha rùisgte san àrainneachd seo bho thòisich saidheans geòlais an toiseach san 18mh linn. Chaidh iomadh teòraidh fheuchainn agus chaidh beachdan ùra a leasachadh, a' cuideachadh le bunaitean a stèidheachadh dha tuigse air geòlas an là an-diugh.

An-diugh tha an t-àite fhathast a' lìbhrigeadh fiosrachadh ùr a tha a' toirt cothrom dha arceòlaichean ath-mhìneachadh a dhèanamh air mar a chaidh na structairean geòlasach a chruthachadh, a' brosnachadh rannsachadh mhèinnir agus a' faighinn lorg air clachan-meinnir air nach robh eòlas roimhe.

Monarchs of the Glens/
Highland Wildlife

PONT MAPS, FROM A SERIES ON NORTH WEST SCOTLAND
By Timothy Pont, *c.*1583-1601

These maps (see also page 73) are the earliest surviving maps of the Highlands from an original survey by Timothy Pont. The map above is of Durness and Tongue; the detail below illustrates a desolate and hostile environment in Eddrachillis, with captions including 'Extreem wilderness', 'Many wolfs in this cuntry', and 'all heir ar black flies ... seene souking mens blood'.

The Highland and Islands have been home to a varied and ever-changing array of wildlife. Many like the wolf and beaver are long since extinct.

Many of the natural habitats that we now see in the Highlands are the result of human activity. Since the arrival of farming people some 6000 years ago, the ancient woodlands have been lost, together with much of their wildlife. Controversy surrounds schemes to re-introduce animals like the wolf in an attempt to restore lost diversity of animal life. A more general agreement is developing today about enhancing the Highland landscape with more native woodland and the bio-diversity that it brings with it.

Not all past introductions are welcome. Hedgehogs were imported to South Uist in the 1970s, but they are now endangering local bird populations by eating their eggs. A recent cull was organised to preserve the bird colonies, but animal welfare groups have tried to remove the hedgehogs safely from the island.

Os Cionn a' Ghlinn/
Ainmhidhean na Gàidhealtachd

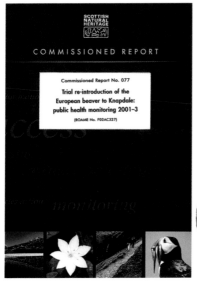

TRIAL RE-INTRODUCTION OF THE EUROPEAN BEAVER TO KNAPDALE: PUBLIC HEALTH MONITORING, 2001-3

Scottish Natural Heritage (SNH) (Edinburgh: 2005)

The European Habitats Directive made provision for member states to re-introduce species, subject to public approval. As the beaver (*Castor fiber*) was indigenous to Scotland, but hunted to extinction around 400 years ago, SNH considered it a suitable species for re-introduction, and duly conducted a public consultation. The response was 63% in favour of such a move; however, various concerns still needed to be addressed, namely forestry, agriculture, and public health issues. Therefore a trial re-introduction was agreed. This was stalled as it conflicted with conservation of a type of woodland in the designated area; however, as from March 2006, *Castor fiber* is on the Species Action List for Scotland.

NATIONAL LIBRARY OF SCOTLAND/ © SNH

FOSSIL BEAVER (*CASTOR FIBER*) SKULL

The beaver was once native to mainland Scotland, including the Highlands. The last historical record dates to 1526, when Hector Boece listed beavers as living in and around Loch Ness. The beaver probably became extinct about 450 years ago. SNH is attempting to re-introduce the beaver to Scotland, probably starting in Knapdale in Argyll, but this is still seen as controversial by some people.

NATIONAL MUSEUMS SCOTLAND

Tha a' Ghàidhealtachd is na h-Eileanan air a bhith nan dachaigh dha raon fhiadh-bheatha a tha eadar-dhealaichte, sìor chaochlaidheach. Tha mòran dhiubh, mar am madadh-allaidh is am biobhair, air a dhol à bith o chionn fhada.

Tha mòran de na h-àrainnean a chì sinn air Ghàidhealtachd an-diugh air èirigh à obair dhaoine. Bho thàinig sluagh nan tuathanach o chionn 6000 bliadhna, chaidh na seann fhearainn choillteach a chall, còmhla ris a' chuid mhòr de ainmhidhean. Tha connspaid co-cheangailte ri sgeamaichean airson toirt beathaichean mar am madadh-allaidh air ais ann an oidhirp iomadachd chaillte ainmhidhean ath-shuidheachadh. Tha aonta nas coitchinne a' nochdadh mu bhith ag àrdachadh àrainneachd na Gàidhealtachd le fearann-coillteach nas dùthchasaiche is leis a' bhith-iomadachd a thig na chois.

Cha deach fàilte a chur air gach ainmhidh a chaidh a thoirt a-steach às ùr. Chaidh gràineagan a thoirt a-steach a dh'Uibhist a Deas anns na 1970an ach tha iad a-nis a' cur àireamhan eòin sgìreil ann an cunnart le bhith ag ithe an cuid uighean. Chaidh tanachadh a chur air chois o chionn ghoirid airson coloinidhean nan eun a dhìon ach tha buidhnean airson dìon ainmhidhean air feuchainn ri na gràineagan a thoirt far an eilein gu sàbhailte.

Industry and Infrastructure

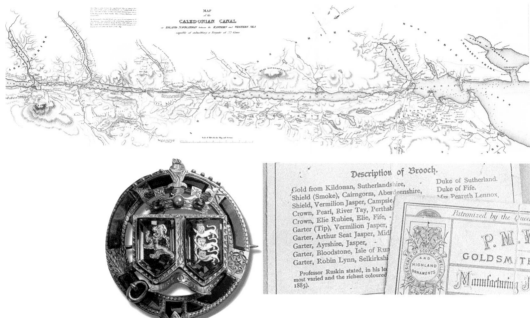

No *wind ever blew that did not fill some sail ...*

The landscape dictates the structures people set upon it. Lighthouses and man-made harbours dot the coast line. Roads, bridges, canals and railways allow greater access to the Highlands and Islands.

Marks of early industry show how successfully raw materials could be exploited. However, some industries have not been without controversy. The Highlands and Islands have been at the forefront of renewable energies for well over a century. The Highlands pioneered hydro-electricity, initially in association with the aluminium industry, in the late 19th and early 20th centuries.

In the Hebrides wind power is now the focus of debates on renewable energy. Scotland has the best wind resources in Europe and 'wind farms' are being built to produce electricity. Although wind farms are seen as economically important, many communities object to them because of their impact on the landscape.

MAP OF THE CALEDONIAN CANAL

From *Atlas to the Life of Thomas Telford* (1838)

The 60-mile long Caledonian Canal through the Great Glen was designed by Thomas Telford and William Jessop. It provided a route from the Moray Firth in the east to Loch Linnhe in the west.

NATIONAL LIBRARY OF SCOTLAND

'THE UNION BROOCH' WITH ADVERTISING CARD

(Edinburgh: 1893)

This gold brooch, with 'Scotch' pebbles, is in the form of a garter set with two shields surmounted by a crown. The gold for the brooch was mined at Kildonan which experienced a Gold Rush between 1869 and 1870. The advertising card states that the brooch was made to commemorate the Act of Union of 1707, and the marriage of the Duchess of York in 1893.

NATIONAL MUSEUMS SCOTLAND

Gnìomhachas is Bun-structair

HYDRO-ELECTRICITY

Workers (left) break through at Butterbridge Tunnel, Loch Sloy, 1949.

NATIONAL MUSEUMS SCOTLAND

1. HYDRO-ELECTRICITY

Inside Cruachan Power Station.

NATIONAL MUSEUMS SCOTLAND

2. OIL INDUSTRY

Tension Leg Platform float-out from Cromarty Firth, Easter Ross, early 1990s.

HIGHLAND AND ISLANDS ENTERPRISE

Cha do shèid gaoth riamh nach robh an seòl chuideigin ...

3. ALCAN

Inside Alcan plant, Fort William.

NATIONAL MUSEUMS SCOTLAND

Tha cruth na tìre a' deachdadh nan structairean a chuireas daoine air. Tha taighean-solais is calaidhean làmh-dhèanta a' pungach-adh na h-oirthir. Tha rathaidean, drochaidean, canàlaichean is rathaidean-iarainn a' dèanamh na Gàidhealtachd is nan Eilean nas goireasaiche.

Tha comharran ghnìomhachasan a bh' ann roimhe a' sealltainn mar a ghabhadh bun-stuthan an cleachdadh gu soirbheachail.

Ach chan eil cuid a ghnìomhachasan air a bhith às aonais connspaid. Tha a' Ghàidhealtachd is na h-Eileanan air a bhith air ceann lùthan ath-nuadhachail airson còrr air ceud bliadhna. B' i a' Ghàidhealtachd a thòisich air dealan-uisge, an toiseach còmhla ri gnìomhachas an almain, aig deireadh na 19mh is toiseach na 20mh linne.

Ann an Innse Gall 's ann mu chumhachd na gaoithe a tha deasbadan mu lùth ath-nuadhachail. Tha na goireasan gaoithe as fheàrr san Roinn Eòrpa aig Alba agus thathas a' togail 'tuathanasan-gaoithe' airson dealan a ghiollachd. Ged a thathas a' faicinn tuathanasan-gaoithe cudromach dhan eaconamaidh tha mòran choimhearsnachdan nan aghaidh air sgàth na buaidh a bhios aca air an àrainneachd.

PEOPLE in the Highlands and Islands have had to defend their territories against successive invaders. The remains of defensive fortifications from centuries past can be seen clearly on the Highland landscape today.

Around the 5th century the Gaels moved from Ireland to the West of Scotland. The Vikings invaded and settled the Northern and Western Isles in the 9th century. Both would leave a lasting legacy. Their descendants established a 'Lordship of the Isles' so powerful by the 15th century that the Scottish Kings broke it up by both legal and military means in order to protect their throne. A struggle for power and land followed and the biggest and strongest families survived as 'clans'.

Between 1689 and 1745 the Stuarts used the Highlanders in their unsuccessful attempts to regain the British throne. The government sought to dismantle clan society while recruiting young Highlanders into the army. When the lands were cleared for sheep in the 19th century, many emigrated to the cities, others overseas.

Soldier of the 42nd Regiment of Foot,
Black Watch, 1743.

NATIONAL MUSEUMS SCOTLAND

THA sluagh na Gàidhealtachd is nan Eilean air a bhith
a' dìon an tìr bho luchd-ionnsaigh leantainneach tro
na linntean. Chithear tobhtaichean daingneachdan dìona
bho linntean a dh'fhalbh gu soilleir an-diugh ann an
àrainneachd na Gàidhealtachd.

Timcheall air a' 5mh linn ghluais na Gàidheil à Èirinn
gu taobh Siar na h-Alba. Thug na Lochlannaich ionnsaigh
agus thuinich iad na h-Eileanan Tuath is Siar san 9mh linn.
Dh'fhàgadh gach sluagh dìleab mhaireannach. Stèidhich
an sliochd 'Tighearnas nan Eilan' a bha cho cumhachdach
san 15mh linn 's gun bhris Rìghrean na h-Alba e tro
dhòighean reachdail is armailteach gus dìon a chur air an
rìgh-chathair. Lean strì airson cumhachd is fearann agus
mhair na teaghlaichean bu mhotha is bu làidire mar
chinnidhean.

Eadar 1689 agus 1745 chleachd na Stiùbhartaich na
Gàidheil nan oidhirpean airson crùn Bhreatainn fhaighinn
air ais. Dh'fheuch an Riaghaltas ri comann nan cinnid-
hean a chur à bith fhad 's a bha e a' togail Gàidheil òga
dhan airm. Nuair a chaidh am fearann fhàsachadh airson
caoraich san 19mh linn dh'fhàg mòran an dùthaich airson
nam bailtean mòra, cuid eile airson a dhol a-null thar
chuan.

PLAN FOR A FORT AT INVERNESS,
1746 [detail]

This pentagonal plan proposed by
the Hanoverian Board of Ordnance
was not used. Ardesier Point, north-
east of Inverness, became the site of
the new Fort George.
NATIONAL LIBRARY OF SCOTLAND

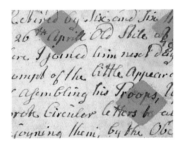

DIARY OF CAPTAIN FELIX O'NEIL,
1746 [detail]

An officer in attendance on Prince
Charles Edward Stuart kept a diary
of events at Culloden and after-
wards on a pack of playing cards.
NATIONAL LIBRARY OF SCOTLAND

TARGE [detail]

Highland targe of wood, covered
with leather, with a double eagle in
the centre, as a heraldic badge of
the MacDonalds, Lords of the Isles.
NATIONAL MUSEUMS SCOTLAND

Clan Society

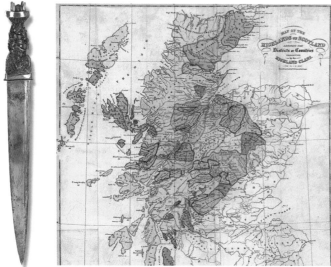

Clann is a Gaelic word meaning 'children' or 'kindred' and came to signify a family group. A successful clan could extend its lands, establishing networks of leaders and warriors, poets, musicians, professional and craftspeople. Clans gained a reputation for fierce feuding as the Scots Kings encouraged bitter rivalries in order to divide and rule.

But in reality Gaelic tradition created a sense of kinship rooted in the clan, giving an identity and security to its members. The success of the clan as a social and economic unit led to its destruction after the Battle of Culloden in 1746. Highland dress was banned, lands were forfeited and Gaelic discouraged.

Comann a' Chinnidh

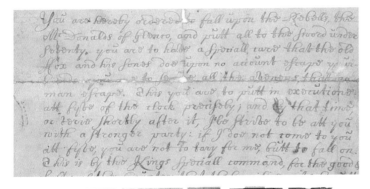

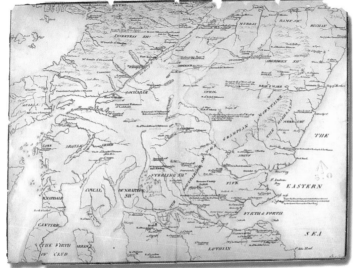

'S e facal Gàidhlig a th' ann an Cinneadh, a' ciallachadh 'clann' no 'muinntir' agus thàinig e gu bhith a' ciallachadh buidheann teaghlaich. Gheibheadh cinneadh soirbheachail air am fearann a leudachadh, a' stèidheachadh lìonraidhean de cheannardan is laoich, bàird, luchd-ciùil, luchd-ionnsaichte is luchd-ciùird. Fhuair cinnidhean cliù airson connsachaidhean fiadhaich oir bha Rìghrean na h-Alba a' brosnachadh còmhstritheachdan nimheil airson roinneadh is riaghladh a dhèanamh.

Ach ann am fìorachd chruthaich dualchas na Gàidhlig mothachadh dàimheil, freumhaichte sa chinneadh, a' toirt fèin-aithne is tèarainteachd do a chuid bhall. B' e soirbheachadh a' chinnidh mar aonad sòisealta is eaconamach a dh'adhbhraich a mhilleadh an dèidh Blàr Chùil Lodair ann an 1746. Chaidh an t-èideadh Gàidhealach a thoirmeasg, chaidh fearann a thoirt air falbh agus bha casg air labhairt sa Ghàidhlig.

The Highland Soldier

Follow my Highland soldier .... [Highland ballad]

The Highland soldier by tradition was a clansman, loyal to his chieftain. The chief took his clansmen into war and won battles by the shock tactics of a downhill charge.

From the early 18th century the Highlands became an important source of recruits for the British Army. The military successes of Highland regiments made the kilted soldier an icon of the British Army and Empire, becoming an enduring symbol of Scottish identity.

In the late 18th century, 24 regiments were raised in the north of Scotland alone. They were raised for the most part as 'clan regiments' by the chieftains from their estates. The clan gave the regiment its identity, its *esprit de corps*, and its attachment to place – the *dùthchas*.

The Highland soldier has served in both the regular army and volunteer forces, but the social and human consequences of war over the centuries have often hit hard in the Highlands and Islands.

THE BATTLE OF GLENSHIEL

By Peter Tillemans, 1719

The Battle of Glenshiel on 10 June 1719 was an unsuccessful attempt by the Jacobites, in alliance with Spain, to reclaim the throne of Great Britain for James VIII and III ('the Old Pretender' as he was known to his enemies). The painting shows the Hanoverian forces, including two Dutch contingents, launching attacks on the Jacobites, led by Lord George Murray and supported by Rob Roy MacGregor.

SCOTTISH NATIONAL PORTRAIT GALLERY

BLACK WATCH SOLDIERS ON THE CONTINENT

Christoph Weighely (Nuremberg: 1743)

The appearance of the Black Watch regiment on the Continent in 1743 generated a lot of interest; it was the first time kilted soldiers had been seen there. This picture shows a representation of the Highlanders who arrived at the camp of the confederated army near Mainz in August 1743.

NATIONAL LIBRARY OF SCOTLAND

ARMY PIPE MAJORS

These early 20th-century pipe majors illustrate how British military uniform came to regulate Highland dress.

NATIONAL MUSEUMS SCOTLAND

An Saighdear Gàidhealach

Follow my Highland soldier ....

[port Gàidhealach]

B' e fear-cinnidh, dìleas dha cheann-feadhna, a bh' anns an t-saighdear Ghàidhealach. Bha an ceann-feadhna a' toirt a luchd-cinnidh a chogadh agus bhuannaich e batail tro innleachdan seòlta le ionnsaigh bho gu h-àrd.

Bho thoiseach na 18mh linne bha na Gàidheil nan saighdearan cudromach ann an arm Bhreatainn. Rinn soirbheachaidhean armailteach nan rèiseamaidean Gàidhealach saighdear an fhèilidh na ìomhaigh de dh'Arm Bhreatainn is den Ìmpireachd, a' tighinn gu bhith na shamhla mhaireannach de ionannachd Albannach.

Aig deireadh na 18mh linne chaidh 24 rèiseamaidean a thogail ann an ceann a tuath na h-Alba. Chaidh an togail sa mhòr-chuid le na cinn-feadhna bhon oighreachdan mar 'rèiseamaidean cinnidh'. Thug an cinneadh fèin-aithne dhan rèiseamaid, 'spiorad aigne' agus a' cheangal ri dùthaich – an dùthchas.

Bha an saighdear Gàidhealach air seirbheis a dhèanamh san arm riaghailteach agus sna feachdan saor-thoileach, ach gu tric thug buaidhean sòisealta is daonna cogaidh tro na linntean buille chruaidh air a' Ghàidhealtachd is air na h-Eileanan.

MAP OF MILITARY ROAD, *c.*1724-36

George Wade planned the construction of over 240 miles of military roads and over 40 bridges. The road that is featured here, which was completed, was a strategic route from Dunkeld and Stirling north to Inverness and Fort Augustus.

NATIONAL LIBRARY OF SCOTLAND

FIELD-MARSHAL GEORGE WADE

Attributed to Johan van Diest, *c.*1731-35

After a distinguished military career on the Continent, Wade was sent to the Highlands from 1724 to 1733 to oversee the making of military roads. The aim was to improve government communications so that no new Jacobite rising could take place. As it was, the Jacobites used Wade's roads themselves in the '45 Rebellion. This portrait shows in the background the making of the famous road over the Corrieyairack Pass in 1731.

SCOTTISH NATIONAL PORTRAIT GALLERY

85

Highland Clearances

Strathnaver, Glengarry, Strathglass, Rum, Mull, Tiree, Coll, Morvern, Uist, Barra, Skye …

A misfortune has come upon us to Scotland,
Poor people are suffering under it,
Without food, without clothing, without green pasture,
The North has been destroyed.

[Allan MacDougall, Lochaber, *c.*1798]

The sense of ownership and belonging contained in the word *dùthchas* was ignored during the Highland Clearances. The Clearances saw the brutal eviction of large numbers of the Highland and Island population between about 1770 and 1860. The land was given to sheep farmers who paid higher rents. The year 1792, seen as the beginning of devastation, was called *Bliadhna nan Caorach* – 'the Year of the Sheep'.

People were resettled on poor lands or on inhospitable sea coasts. Many moved to the growing towns and cities, or were forced overseas to North America and Australia. It has been estimated that about 100,000 people emigrated from the region during this period. The ensuing years of famine, disease and emigration finally led to widespread crofting protests which prompted the government to appoint a commission of inquiry, the Napier Commission, which reported in 1884. This led to the Crofters Act of 1886, granting security of tenure to the people.

SKETCH OF THE COUNTY OF SUTHERLAND, 1815 [detail]

Following the marriage of Elizabeth, Countess of Sutherland to the enormously wealthy Viscount Trentham, who became the Marquis of Stafford in 1803, substantial parts of the county were acquired to form the Sutherland estates. This map shows their territorial ownership at the height of the Clearances, but notably the only indication of people or settlements is an attractive vignette of Dunrobin Castle near the title cartouche (see detail).

NATIONAL LIBRARY OF SCOTLAND/
COURTESY OF THE COUNTESS
OF SUTHERLAND

NOTE OF REMOVALS ON THE ESTATE OF SUTHERLAND, 1819 [detail]

The Clearances of the early 19th century saw the forcible eviction of many people from their homes, and is one of the most emotive periods in the history of the Highlands. This 'Note of Removals' from the land belonging to the Sutherland Estates gives the names and the numbers of tenants 'removed', where they came from, and 'whither gone'.

NATIONAL LIBRARY OF SCOTLAND/
COURTESY OF THE COUNTESS
OF SUTHERLAND

Fuadach nan Gàidheal

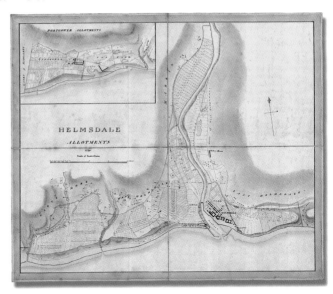

Srath Nabhair, Gleann Garaidh, Srath Ghlas, Ruma, Muile, Tiriodh, Colla, a' Mhorbhairne, Uibhist, Barraigh is an t-Eilean Sgitheanach ...

Thainig oirnn do dh' Alba crois,
Tha daoine bochda nochdte ris,
Gun bhiadh, gun aodach, gun chluain,
Tha 'n Aird-a-tuath an deidh a sgrios.

[Ailean MacDhùghaill, Loch Abair, timcheall air 1798]

Chaidh brìgh seilbhe is buntanais a tha am facal 'dùthchas' a' gabhail a-steach, a chur an dara taobh aig àm Fuadach nan Gàidheal. Rè nam Fuadaichean chaidh àireamhan mòra de shluagh na Gàidhealtachd is nan Eilean fhuadach gu brùideil eadar 1770 is 1860. Chaidh am fearann a thoirt dha tuathanaich chaorach a phàigh cìsean na b' àirde. Chaidh a' bhliadhna 1792, a bh' air a faicinn mar thoiseach na lèirsgrios, ainmeachadh mar 'Bliadhna nan Caorach'.

Chaidh an sluagh ath-shuidheachadh air fearann bochd no air na h-oirthirean neo-bhàidheil. Ghluais mòran gu na bailtean-mòra a bha a' meudachadh no b' fheudar dhaibh a dhol thar chuan gu Ameireaga a Tuath agus Astràilia. Thathas a' meas gun dh'fhalbh mu 100,000 neach às an àite aig an àm sin. Lean na bliadhnachan de ghort, de ghalar is eilthireachd aig a' cheann thall gu casaidean croitearachd a sgaoil fad is farsaing agus a thug air an riaghaltas coimisean rannsachaidh a chur air chois, Coimisean Napier, a thug cunntas ann an 1884. Lean seo gu Achd nan Croitearan ann an 1886, a' toirt còir gabhaltais dhan t-sluagh.

PLAN OF HELMSDALE ALLOTMENTS WITH ACCOMPANYING KEY, 1820 [detail]

In the early 19th century the Marquis of Stafford (the Duke of Sutherland from 1833) invested huge amounts in his estates and forcibly moved families from inland districts to coastal towns and beyond. Helmsdale was one of these towns, arguably one of the few viable model fishing villages, supported by a fluctuating fishing industry. This plan shows the land granted to new residents, with an accompanying key listing details of the incomers, their origins, date of settlement, land allocated, and type of house.

Cànan na h-àrainneachd

Language of the Landscape

MANY different people came to the Highlands and Islands to hunt for food, to settle, to invade or to trade. We believe that they brought different languages with them. Gaelic, Norse, French, Scots, English – even Latin – are woven into the 'language of the landscape'.

Today the region is enjoying a resurgence of interest in Gaelic. This sophisticated and lyrical language has made a significant contribution to music, poetry and song in Scotland. Many talented young Highland and Hebridean singers, musicians, writers and poets draw on this rich, diverse cultural heritage for inspiration.

THE NETHER LORN CANNTAIREACHD, 1797 [detail]

Manuscript believed to be by Colin Campbell of Ardmaddy

Pipe music or *piobaireachd* was handed down orally until the 19th century by the MacCrimmons of Skye and other piping families. To teach pipe music or *piobaireachd* without the benefit of musical notation, pipers developed *canntaireachd*, a system of representing the notes and figurations of *piobaireachd* by vocal syllables.

NATIONAL LIBRARY OF SCOTLAND

TRO na linntean thàinig mòran dhaoine chun na Gàidhealtachd is nan Eilean agus thug iad cànanan eadar-dhealaichte nan cois. Tha Gàidhlig, Lochlannais, Fraingis, Albais, Beurla – eadhon Laidinn – air am filleadh ann an 'cànan na h-àrainneachd'.

An-diugh tha an t-àite a' mealtainn dùsgadh de dh'ùidh ann an Gàidhlig. Tha an cànan urramach seo air cur gu mòr ri ceòl, bàrdachd agus òrain ann an Alba. Tha iomadh seinneadair, neach-ciùil, sgrìobhaiche agus bàrd òg, tàlantach bhon Ghàidhealtachd is bho Innse Gall air brosnachadh fhaighinn bhon dualchas bheairteach, iomadach is chultarach seo.

ROB DONN'S QUAICH [detail]

This wooden quaich, which belonged to Rob Donn the Gaelic Bard, is inscribed '1714 Cuach Roib Dhuinn. Bard Dutcha Mhic Aoidh', 1778.

NATIONAL MUSEUMS SCOTLAND

PIPING MEDAL, 1885 [detail]

Silver and silver gilt medal, in the form of a crowned Celtic cross, awarded for piping at the Lochaber Games.

NATIONAL MUSEUMS SCOTLAND

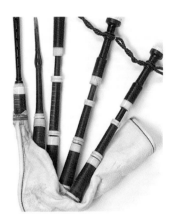

HIGHLAND BAGPIPES, c.1820 [detail]

The Great Highland Bagpipe with chanter and three drones, turned from laburnum wood and mounted with walrus ivory. This instrument was made by Donald MacDonald, 1767-1840, born in Glenhinnisdale, Skye.

NATIONAL MUSEUMS SCOTLAND

A Highland Voice

LAS AN TUAISCCART
GUR ZHEALAIZH AN TIARTHAR
IS GUR BHLAODHM AN TOIRTHEAR
DE DHEASCA NA ZCLÉIRCACH DIANTRÉADACH
BA THAIBHSEACH A BHÁS

Gaelic is Scotland's oldest surviving native language and one of the oldest written languages in Europe. The language was originally spoken throughout the early kingdom of Scotland, but it retreated in favour of Scots and English from the 12th century. Following the Reformation in the 16th century and the Jacobite wars in the 18th century, political and military attempts were made to destroy the language.

But the language has survived. There are now Gaelic nursery and primary schools, and a secondary school. Sabhal Mòr Ostaig, Scotland's Gaelic-medium college, plays a crucial role in the regeneration of the language.

The importance of Gaelic as part of Scotland's cultural heritage is widely accepted. In 2005 the Gaelic Language Act recognised Gaelic as an official language of Scotland, commanding equal respect with English.

A PAGE FROM
AN LEABHAR MÒR
[*THE GREAT BOOK OF GAELIC*]

Malcolm Maclean and Theo Dorgan (eds) (Canongate Books and Pròiseact nan Ealan [The Gaelic Arts Agency]: 2002)

This page features Dallan Forgaill's elegy for St Columba and William Crozier's artwork. The 6th-century bard's poem is the earliest work in Gaelic to survive more or less in the form in which it was composed. Ancient meets modern in this exciting and imaginative arts project involving poets, artists and calligraphers.

© CANONGATE BOOKS/PRÒISEACT NAN EALAN [THE GAELIC ARTS AGENCY]

Guth Gàidhealach

’S i a’ Ghàidhlig an cànan as aosta a th’ ann an Alba agus aon de na cànanan sgrìobhte as aosta a tha san Roinn Eòrpa. Bha an cànan ga bhruidhinn an toiseach air feadh rìoghachd thràth na h-Alba ach theich e ro Albais is Beurla bhon 12mh linn. An dèidh an Ath-Leasachaidh san 16mh linn agus cogaidhean nan Seumasach san 18mh linn, chaidh oidhirpean poilitigeach is armailteach a dhèanamh gus an cànan a chur à bith.

Ach tha an cànan air maireachdainn. Tha a-nise sgoiltean-àraich, agus bun-sgoiltean Gàidhlig ann agus tha àrd-sgoil chunbhalach Ghàidhlig ann an Glaschu – Sgoil Ghàidhlig Ghlaschu – agus tha Sabhal Mòr Ostaig, colaiste Ghàidhlig na h-Alba, a’ gabhail pàirt chudromach ann an ath-bheothachadh a’ chànain.

Thathas air gabhail ri cudromachd na Gàidhlig mar phàirt de dhualchas chultarach na h-Alba fad is farsaing. Ann an 2005 thug Achd Cànan na Gàidhlig aithne dhan Ghàidhlig mar chànan oifigeil na h-Alba, a’ dleasadh còir co-ionann ri Beurla.

MOBILE BOOKSHOP

The Gaelic Books Council travelling van at Sorisdale in Coll. The service started in 1976, taking the latest publications as far as the road went.
NATIONAL MUSEUMS SCOTLAND

TCS SA 2LG

Developed by Cànan, Isle of Skye for www.sgleog.com, a project funded by Seirbheis nam Meadhanan, Gàidhlig

Bringing Gaelic right up-to-date, this folding pocket-sized guide provides standard text-messaging abbreviations for common Gaelic phrases. ‘Gl va! [Glè mhath!]’
NATIONAL LIBRARY OF SCOTLAND/
© CÀNAN, 2005

The Highland Air

Music is, and always has been, a powerful expression of Gaelic identity. One of the finest 17th-century Gaelic poets, Mary MacLeod, felt it was unnatural to be without music.

The *clàrsach* (or harp), bagpipe and fiddle are the three instruments most readily associated with the Highlands and Islands. Mary MacLeod described how the fiddle lulled to sleep and the pipes wakened in the morning.

Music had been carried down the generations in 'classical Gaelic'. In this stately literate language of Scotland and Ireland, bards and musicians were rigorously trained for the practice of their arts. Every township had its musicians, singers and poets – men and women who preserved the history of their community through words and music.

By the 17th century other voices emerged, such as the choral work songs of women. Described generally as 'waulking songs', they were used to maintain rhythm and to lighten the monotony of tasks on land and at sea.

Annual gatherings for competitions in music and literature have been held since the first *Mòd* in Oban in 1893. These events now attract so many people that they can only be accommodated in the towns and cities. In contrast, music is taken out to the communities in the *Fèisean*. Started in Barra in the 1980s, children are taught by the best practitioners in the Gaelic musical arts.

Gow, the son of a plaid weaver from Inver in Perthshire, was a largely self-taught fiddler of great virtuosity. His compositions and arrangements were very popular and he published several collections, including a *Collection of Strathspey Reels* in 1784. As a fiddler he was noted for the strength of his 'up-bow', or returning stroke, 'which never field to surprise and delight'. This powerful portrait was painted by Henry Raeburn, the most famous Scottish painter of the late 18th and early 19th century.

From Angus Mackay: *A collection of ancient piobaireachd or Highland pipe music* (Edinburgh: 1838)

This piobaireachd was composed by Donald Mòr MacCrummen, on the reconciliation of the MacLeods and Macdonalds after the Battle of Bencuillein on Skye.

Am Fonn Gàidhealach

ANGUS MACKAY'S PIOBAIREACHD MANUSCRIPT

Early 18th century

Angus Mackay was a Raasay piper who collected and recorded many tunes, most of them written out in full detail. These tunes were taken down from his father's canntaireachd. Mackay was the first to publish a collection of pibroch for the pipes alone. The tunes were in open key signature and the practice of writing bagpipe music without key signature may fairly be said to stem from him.

NATIONAL LIBRARY OF SCOTLAND

PRACTICE CHANTER

By Gavin MacDougall, Aberfeldy, 1887;
African blackwood, silver and ivory

Presented to Pipe Major Ronald MacKenzie, Seaforth Highlanders, by pipers of the Cameron Highlanders in June 1887 'as a mark of appreciation'. It formerly belonged to John Bàn MacKenzie (1796-1864), his son Donald and nephew Ronald, leading figures in the playing and transmission of Highland piping.

NATIONAL MUSEUMS SCOTLAND

Tha ceòl, agus bha a-riamh, na mhodh-labhairt cumhachdach de fhèineachd Ghàidhlig. Bha Màiri Nighean Alasdair Ruaidh, aon de na bàird a b' fheàrr san 17mh linn, den bheachd gun robh e mì-nàdarra a bhith gun cheòl.

'S iad a' chlàrsach, a' phìob-mhòr agus an fhidheall na trì ionnsramaidean-ciùil as trice thathas a' ceangal ris a' Ghàidhealtachd is na h-Eileanan. Tha Màiri Nighean Alasdair Ruaidh ag aithris mar a bhiodh an fhidheall a' tàladh a chadal agus a' phìob-mhòr a' dùsgadh sa mhadainn.

Tha ceòl air a thighinn a-nuas tro na ginealaichean anns an t-seann 'Ghàidhlig'. Sa chànan stàiteil seo a bhuineadh do dh'Alba is do dh'Èirinn, bha bàird is luchd-ciùil a' faighinn trèanadh anns na h-ealain. Bha a luchd-ciùil, a sheinneadairean is a bhàird fhèin aig gach baile – agus bha iad a' gleidheadh eachdraidh an coimhearsnachd tro bhriathran is tro cheòl.

Mun 17mh linn, bha guthan eile a' tighinn am follais, mar òrain-obrach chòisireach mhnathan. Bha na h-òrain-luaidh seo gan cleachdadh airson rithim a chumail is an obair a lùghdachadh.

Tha cruinneachaidhean bliadhnail airson co-fharpaisean ciùil is litreachais air a bhith air an cumail bho bha a' chiad Mhòd san Òban ann an 1893. Tha na tachartasan sin a-nis a' tàladh uimhir de dhaoine is gur ann an am bailtean mòra a-mhàin a dh'fheumar an cumail.

Ao-coltach ri sin, tha ceòl ga thoirt a-mach dha na coimhearsnachdan tro na Fèisean. Thòisich seo ann am Barraigh ann an 1980 agus tha clann a' faighinn oideachadh bho na h-eòlaich as fheàrr sna h-ealain cheòlmhor Ghàidhlig.

The Highlands in Print

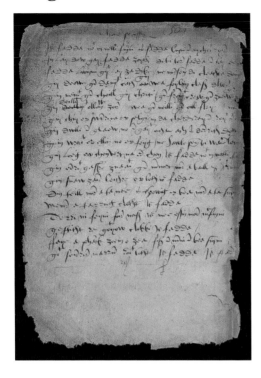

Dr Samuel Johnson's comment that the Highlands had nothing to offer in terms of literature was far from the truth. Following the publication of the poetry of Ossian, there was a sudden surge of interest in the collection of Gaelic manuscripts. These manuscripts in public collections now affirm the richness and diversity of the Gaelic literary tradition.

Many books of fiddle music were printed in the 18th century, but bagpipe music remained largely part of the oral tradition until the publication of the first book of *piobaireachd* in 1819.

John Francis Campbell of Islay, aware of a rich and multi-faceted Gaelic oral literature, began in 1859 to collect and publish folktales. Campbell was followed by a small and dedicated band of collectors whose efforts led to the establishment of the School of Scottish Studies and the present *Dualchas* or 'Well of Heritage' project to digitise recorded Gaelic song and folklore for a worldwide audience.

The Highlands have also been increasingly celebrated in print in the work of authors such as Neil Gunn, Naomi Mitchison, Gavin Maxwell and Norman MacCaig. Contemporary poets and writers are also demonstrating the vitality of the literary tradition.

THE BOOK OF THE DEAN OF LISMORE, 1512-32

A book of Scottish and Irish Gaelic poems collected by Sir James Mac-Gregor, Dean of Lismore. Some of these heroic or 'Ossianic' ballads strongly influenced James Macpherson when he was composing his Ossian epics in the 18th century.

NATIONAL LIBRARY OF SCOTLAND

POPULAR TALES OF THE WEST HIGHLANDS

John Francis Campbell of Islay, 1860-62

With the family background and English public school education of a laird, Campbell devoted his leisure to the collection of traditional tales rooted in the folklore tradition of the Western Highlands and Islands. The tales he published were translated into English, but he was careful to respect and preserve their Gaelic sources.

NATIONAL LIBRARY OF SCOTLAND

Opposite page (top, right)

SORLEY MACLEAN'S POETRY NOTEBOOK, 1955-1970

This notebook contains drafts of poems, including early versions of 'Hallaig' – perhaps his most celebrated single poem. The book also contains items of folklore and Gaelic songs and stories which MacLean took down from people in Wester Ross.

NATIONAL LIBRARY OF SCOTLAND/ COURTESY OF THE MACLEAN FAMILY

Sgrìobhadh Gàidhealach

Bha aithris an Oll. Somhairle Mac Iain, nach robh càil aig a' Ghàidhealtachd ri thabhann a thaobh litreachais, fada bhon fhìrinn. An dèidh foillseachadh bàrdachd Oisein dh'èirich ùidh mhòr obann ann an cruinneachadh sgrìobhainnean Gàidhlig. Tha na sgrìobhainnean sin, a tha a-nise ann an cruinneachaidhean poblach, a' dearbhadh beairteas is iomadachd dualchas litreachail na Gàidhlig.

Chaidh mòran leabhraichean de cheòl na fidhle a chlò-bhualadh san 18mh linn ach dh'fhuirich ceòl na pìoba mar phàirt den bheul-aithris gus an deach a' chiad leabhar air pìobaireachd an clò ann an 1819.

Ann an 1859 thòisich Iain Òg Ìle, a bha mothachail de bheairteas beul-aithris na Gàidhlig, a' cruinneachadh ùirsgeulan. Lean còmhlan beag dìleas de luchd-tionail an Caimbeulaich agus b' ann tro an saothair a chaidh Sgoil Eòlais na h-Alba agus Dualchas, no pròiseact 'Tobar an Dualchais', a th' againn an-diugh, a stèidheachadh, airson òrain is sgeulachdan clàraichte Gàidhlig a chur a-mach air an eadarlìon air feadh an t-saoghail.

Tha a' Ghàidhealtachd cuideachd comharraichte airson foill-sichidhean a tha a' dol am meud le obair ùghdaran mar Niall Gunna, Naomi Mitchison, Gavin Maxwell agus Tormod MacCaig. Tha bàird is sgrìobhaichean an là an-diugh a' foillseachadh beòthalachd an dualchais litreachail airson Gàidhlig.

POETS' PUB [detail]

By Alexander Moffat, 1980

Set in an amalgam of their favourite drinking haunts in Edinburgh, the writers, from left to right, are: Norman MacCaig, Hugh MacDiarmid, Sorley Maclean, Ian Crichton Smith, George Mackay Brown, Sydney Goodsir Smith, Edwin Morgan and Robert Garioch. In the foreground is Alan Bold and, on the steps behind, the art critic John Tonge.

SCOTTISH NATIONAL PORTRAIT GALLERY/ © ALEXANDER MOFFAT

MANUSCRIPT OF 'DANCING IN THE WILDS', AN ESSAY PUBLISHED IN *THE GLASGOW HERALD*

By Neil Gunn, 31 May 1952

Though best known for his novels, Neil Gunn also wrote plays, short stories and essays such as 'Dancing in the Wilds' in which he celebrates life through close observation of the mysteries of nature. Gunn resigned his post with Customs and Excise in 1937, but was still occasionally using civil service paper in the 1950s.

NATIONAL LIBRARY OF SCOTLAND/ COURTESY OF THE NEIL GUNN LITERARY ESTATE

Geamannan Gàidhealach

Highland Game

IN the 19th century the railway opened up the region to tourists. Some came to admire the scenery; some came to 'take the waters' at spa towns like Crieff and Strathpeffer. Well-stocked grouse moors and teeming salmon rivers attracted the gentleman sportsman.

Sports such as shinty have enjoyed a long tradition. Highland Games offer an opportunity to display feats of strength and skill, and to host traditional dancing and music competitions.

Visitors still flock to the region to admire the magnificent scenery, but today they are also attracted by new trends such as eco and ancestral tourism. The region has become a major centre for adventure holidays and for extreme sports.

Edinburgh University Ski Club, members, at Bridge of Cally, Perthshire, 1938-39.

NATIONAL MUSEUMS SCOTLAND

S AN 19mh linn, dh'fhosgail an rathad-iarainn an t-àite
an-àirde dha luchd-turais. Thàinig cuid airson na
seallaidhean fhaicinn; thàinig cuid, air sgath an slàinte, gu
bailtean spatha mar Craoibh is Srath Pheofhair. Thàlaidh
mòintichean làn chearcan-fraoich agus aibhnichean loma-
làn bhradain na h-uaislean.

Tha Geamannan Gàidhealach a' toirt cothrom lùths is
sgil fhoillseachadh, agus spòrsan leithid camanachd, a
thuilleadh air a bhith a' taisbeanadh dannsa traidiseanta
agus co-fharpaisean ciùil.

Tha luchd-turais fhathast a' tighinn chun àite nan
treudan airson na seallaidhean àlainn a mhealtainn, ach
an-diugh tha iad cuideachd air an tàladh le gluasadan ùra
mar eag-thurasachd is turasachd sinnsireil. Tha an t-àite
air a thighinn gu bhith na phrìomh ionad airson saor-
làithean agus spòrsan sgairteil.

ATHLETICS MEDAL
[obverse and reverse, details]

MEDAL OF THE CAMANACHD
ASSOCIATION [detail]

There has never been a standard list
of sports held at Highland Games:
some had rifle shooting and foot-
ball; others had competitions for
the best dressed Highlander, and for
reciting Gaelic poetry. This silver
athletics medal of the Highland
Club of Scotland was awarded to
W. B. Dickson for the 'Hop, Step
and Jump' in 1828.

Cast silver medal from the
Camanachd Association formed in
1894. This medal was won by J. M.
Urquhart in 1931, and made by
'J. M. of Birmingham', 1930-31.

A Tour of the Highlands

The earliest visitors were explorers rather than tourists, studying
the rocks, birds, language and history of the Highlands. Walter
Scott's long poem *The Lady of the Lake*, published in 1810,
fostered a romantic vision of mountains and lochs.

Railways from the south reached Perth in 1848, and Inver-
ness ten years later, enabling thousands of tourists to visit the
Highlands. Mass tourism did not impact for another hundred
years, the result of road improvements from the 1960s onwards.
Easy access by car made hillwalking popular. Today, tourism
accounts for 15% of jobs in the area.

Cuairt tron Ghàidhealtachd

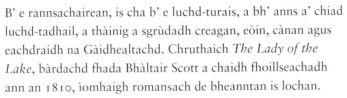

MOUNTAINEERING (above)

John MacKenzie, Britain's first mountain guide, Skye, *c.*1900.

NATIONAL MUSEUMS SCOTLAND

THE TOURIST SEASON IN SCOTLAND: 'THE ASCENT OF BEN NEVIS' (left)

From *The Illustrated London News*, 30 July 1881

A humorous depiction of an ascent of Ben Nevis by a party of tourists and their guide. The first recorded ascent had been made in 1771 and the attraction of Britain's highest mountain helped to contribute to the growth of Fort William as a tourist centre. Two years after the ascent shown here, the appearance of the summit was altered by the construction of an observatory which provided detailed meteorological statistics for the mountain for some 20 years until the observatory's closure in 1904.

NATIONAL LIBRARY OF SCOTLAND

B' e rannsachairean, is cha b' e luchd-turais, a bh' anns a' chiad luchd-tadhail, a thàinig a sgrùdadh creagan, eòin, cànan agus eachdraidh na Gàidhealtachd. Chruthaich *The Lady of the Lake*, bàrdachd fhada Bhàltair Scott a chaidh fhoillseachadh ann an 1810, ìomhaigh romansach de bheanntan is lochan.

Thug rathaidean-iarainn ann am meadhan na 19mh linne cothrom dha mìltean luchd-turais tadhal air a' Ghàidhealtachd. Cha tug turasachd buaidh mhòr sam bith ro leasachaidhean rathaidean bho na 1960an ach an-diugh tha 15% de dh'obraichean an àite an urra ri turasachd.

Sporting Highlands

The two boys in this painting, James (right) and Alexander (left), were the sons of Sir Alexander Macdonald of Macdonald, a great Highland chieftain with estates in the Isle of Skye. The boys are shown at sport: James with his gun, Alexander playing golf. The children's costume is made up of three different patterns of tartan. James wears the modern little kilt; his brother wears trews.

SCOTTISH NATIONAL PORTRAIT GALLERY

SNAPHAUNCE SPORTING GUN

By Andrew Philp of Dundee; owned by Sir John Grant of Freuchie (1596-1637)

The lock mechanism uses a flint to spark the gunpowder.

NATIONAL MUSEUMS SCOTLAND

The waters and mountains of the Highlands and Islands have for centuries provided ideal recreation. Sailing galleys at sea and hunting deer in the mountains were the embodiment of noble virtues.

In the 18th and 19th centuries the 'sporting estate' replaced the traditional mixed economy of townships and hill grazings; game birds and animals increased in numbers while the human population declined.

The first Highland Games were held on the Drummond estates at Strathfillan in 1826. The most famous Games are those at Braemar, which began in 1832 and were attended by Queen Victoria from 1848. Highland Games popularised piping and dancing, and special events such as throwing the hammer, putting the stone, and tossing the caber.

Many new sports have been brought to the Highlands, including ski-ing, snow-boarding, canoeing, mountain-biking, wind-surfing and sea-diving. In 2004 a Highland football team, Inverness Caledonian Thistle, joined the Scottish Premier League.

CURLING EWER

Made by James Mackay; Edinburgh, 1855

Silver ewer engraved with curling scenes, presented to F N Menzies by Weem Curling Club, March 1856. From Scotland curling has spread to over 30 countries worldwide, most successfully in Canada where there are over one million players.

NATIONAL MUSEUMS SCOTLAND

Spòrs air Ghàidhealtachd

SHINTY

Shinty may have been introduced to the west of Scotland from Ireland along with Christianity, and derives from the Gaelic *sinteag*, a bouncing motion. Throughout the middle ages it was threatened, like golf and football, by royal edicts trying to prevent uncontrollable games which distracted young men from practising with weapons for the defence of the country. In 1894 a Camanachd Association was formed, setting some rules. The modern well-established leagues are dominated by Newtonmore, Kingussie, Kyles Athletic, Oban Celtic and Caberfeidh.

SHINTY MATCH, TIGHNABRUIACH
SOURCE: www.scotlandistheplace.com

CAMAN OR SHINTY STICK, 1986

Senior caman, a shinty stick of ash, laminated full-length with a triangular blade face, and finished in white and black tape. Shinty was taken all over the world by migrating Scots, especially to Canada, where it was played on frozen lakes in winter, evolving into the national sport of ice hockey.

NATIONAL MUSEUMS SCOTLAND

Airson linntean, tha uisgeachan is beanntan na Gàidhealtachd is nan Eilean air fìor chur-seachadan a thabhann. B' e seòladh bhìrlinnean aig muir agus sealg fhiadh sna beanntan spòrs nan uaislean.

Sna 18mh agus 19mh linntean, ghabh an 'oighreachd seilge' àite eaconamaidh mheasgaichte thraidiseanta nam bailtean agus nan ionaltraidhean chnoc; mheudaich àireamh eòin is beathaichean seilge fhad 's a lùghdaich àireamh an t-sluaigh.

Chaidh a' chiad Gheamannan Gàidhealach a chumail air oighreachdan nan Druiminneach anns na Sraithibh ann an 1826. Tha na Geamannan as ainmeile, a thòisich ann an 1832, ann am Bràigh Mhàrr, agus bha a' Bhànrigh Bhictòria gan tadhal bho 1848. Thug na Geamannan Gàidhealach measalachd dha pìobaireachd is dannsa, agus dha tachartasan sònraichte leithid caitheamh an ùird, cur na cloiche agus tilgeil a' chabair.

Tha mòran spòrsan ùra air a thighinn dhan Ghàidhealtachd, a' gabhail a-steach sgitheadh, bòrdadh-sneachda, curachd, baidhsagalachd beinne, marcachd thonn agus dàibheadh mara. Ann an 2004 thàinig sgioba ball-coise bhon Ghàidhealtachd a-steach do Phrìomh Lìog na h-Alba: Caledonian Thistle Inbhir Nis.

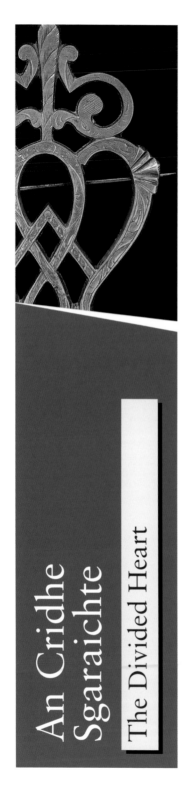

HEART brooches were given as love tokens and as protective 'charms'. Brooches like these were, with family Bibles, amongst the few personal possessions taken by emigrants to their new lives overseas. The heart brooch, often designed as double entwined hearts, seems a fitting metaphor for hearts divided between home and foreign lands.

Many emigrants were forced to leave the Highlands and Islands, while some chose to seek a better life abroad. Some only went for short terms of work and then returned. Others went as soldiers and were granted land, and some went to join relatives already overseas.

Many Highlanders carved outstanding careers in their new home countries such as Canada, the Americas and Australia.

Today we see people migrating to the Highlands to make the region their home. Some have come to work in the newer industries such as forestry and oil; others have come to experience a better quality of life.

Double Heart Brooch [detail].

NATIONAL MUSEUMS SCOTLAND

BHA broidsichean cridhe gan toirt seachad mar chuimhneachain gaoil agus mar 'sheunan'. Bha broidsichean leithid sin, agus Bìobaill teaghlaich, am measg nan nithean pearsanta a thug eilthirich leotha thar chuan. Tha am broidse cridhe, deilbhte gu tric mar dà chridhe eadar-thoinnte, na shamhla freagarrach dha cridheachan a bha sgaraichte eadar dachaigh is tìrean cèin.

Chaidh toirt air mòran eilthireach a' Ghàidhealtachd is na h-Eileanan fhàgail, agus thagh cuid a dhol a shireadh beatha na b' fheàrr thall thairis. Bha feadhainn nach deach ann ach airson ùine ghoirid a dh'obair agus a thill an uairsin. Dh'fhalbh cuid eile mar shaighdearan agus chaidh fearann a thoirt dhaibh, agus dh'fhalbh feadhainn eile airson a dhol còmhla ri càirdean a bha a cheana thar chuan.

Rinn mòran Ghàidheal dreuchdan dhaibh fhèin nan dùthchannan ùra leithid Chanada, nan Ameireagaidhean agus Astràilia.

An-diugh, tha sinn a' faicinn daoine a' tighinn a-steach dhan Ghàidhealtachd airson dachaighean a dhèanamh ann. Tha cuid air a thighinn a dh'obair sna gnìomhachasan ùra mar choilltearachd agus an ola; tha cuid eile air a thighinn airson dòigh-beatha nas fheàrr a mhealtainn.

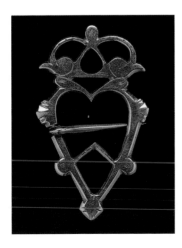 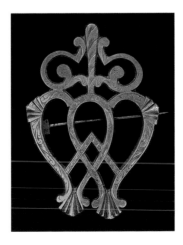

HEART BROOCH (left)

Made by Alexander Stewart; Inverness, *c.*1800

Single heart-shaped, gold brooch surmounted by a crown of birds' heads.

DOUBLE HEART BROOCH (right)

Made by James Ferguson; Inverness, *c.*1857-66

A crowned double heart brooch of silver, with an engraved face.

NATIONAL MUSEUMS OF SCOTLAND [left and right]

Highland Departures

[handwritten letter text reproduced as image]

This is the land in which there is hardship
Unknown to the people who are coming across;
They have done us no good, the deceivers,
Who have brought us here with their report.

[John MacLean, Nova Scotia, c.1819]

As the clan system disintegrated, thousands left for the New World. Some were left bitter and disillusioned by their experience of North America. Something of this is reflected in songs that came back across the Atlantic to warn those at home of the lies told by emigration agents – and to tell of the harsh and inhospitable conditions engendered by North America's often brutal winters.

But such disillusionment was by no means universal. Almost miraculously, as it seemed to Highlanders, the United States and Canada were countries without landlords; countries where the generality of people could readily obtain farms from which no one could remove them. Hence the extent to which North America features in Gaelic song and poetry as a promised land – a place of freedom and, by Scottish standards, almost unlimited opportunity.

Here men fare well enough,
with fine, prosperous homes,
something they would not see in their lifetime
had they remained on the other side.

[Hugh MacCorkindale, Ontario, c.1860]

LETTER OF FLORA MACDONALD, 1772 [detail]

The heroine of the aftermath of the '45 writes sadly of her son's leaving of Skye and of the general de-population of the island. Mass emigration to America was underway, as a release from prevailing '*poverty and oppression*'. For many, the only option was to quit and so '*begin the world again, anew, in another corner*'.

NATIONAL LIBRARY OF SCOTLAND

FLORA MACDONALD [detail]

By Richard Wilson, 1747

The famous Jacobite heroine was the daughter of Ranald MacDonald, a farmer at Milton in South Uist in the Western Isles. After helping Prince Charles Edward Stuart escape to France after the Battle of Culloden, she was captured and imprisoned in the Tower of London, where this portrait was painted by the noted Welsh landscape painter Richard Wilson. Flora was released in 1747, and later, in 1774, she emigrated to North Carolina. She returned five years later to Scotland and died in 1790.

SCOTTISH NATIONAL PORTRAIT GALLERY

Am Falbh Gàidhealach

Is i seo an dùthaich 'sa bheil cruadal,
Gun fhios do 'n t-sluagh a tha tighinn a-nall;
Gur h-olc a fhuaras oirnn luchd a' bhuairidh
A rinn le an tuairisgeul ar toirt ann.

[Iain MacIlleathainn, Alba Nuadh, mu 1819]

Mar a bha siostam a' chinnidh a' tuiteam às a chèile, dh'fhalbh na mìltean airson an t-Saoghail Ùir. Dh'fhàg na dh'fhiosraich iad ann an Ameireaga a Tuath cuid searbh is gun mhisneachd. Tha cuid den seo ri fhaicinn ann an òrain a thàinig air ais thar a' Chuain Shiair airson rabhadh a thoirt dhan fheadhainn aig an taigh mu na breugan a dh'inns àidseantan eilthireachd – agus a dhèanamh luaidh air na suidheachaidhean cruaidh a bha tric a' tighinn an cois geamhraidhean garg Ameireagaidh a Tuath.

Ach cha robh dìth-mhisneachd leithid sin coitcheann. An ìre mhath mìorbhaileach, mar a shaoil na Gàidheil, bha Na Stàitean Aonaichte is Canada nan dùthchannan gun uachdarain – dùth-channan far an robh cothrom aig daoine tuathanasan fhaighinn, tuathanasan bho nach deigheadh am fuadach. Air an adhbhar sin tha Ameireaga a Tuath ga faicinn ann an òrain is am bàrdachd Ghàidhlig mar tìr a' gheallaidh – àite saorsa, agus, an coimeas ri Alba, dùthaich le cothroman a bha, cha mhòr, neo-chrìochnach.

Tha cùrsa dhaoine math gu leòir
Le dachaidh bhòidheach, fhaoilidh;
Nì nach fhaiceadh iad ri m beò,
Le còmhnachadh an taobh sin.

[Ùisdean MacCorcadail, Ontario, mu 1860]

'EISDIBH! EISDIBH! EISDIBH!'
[detail]

Nahum Ward (Sribhlinn: 1822)

This is the only-known copy of a poster inviting prospective emigrants to Ohio. Printed in Stirling in 1822, it was probably put up in market places and around harbours all over the country, especially on the west coast where the ships overseas would leave from. The poster lists melons, pomegranates, grapes and other fruit growing in Ohio as incentives to emigrate there.

NATIONAL LIBRARY OF SCOTLAND

INFORMATIONS CONCERNING THE PROVINCE OF NORTH CAROLINA, ADDRESSED TO EMIGRANTS FROM THE HIGH-LANDS AND WESTERN ISLES OF SCOTLAND

By Scotus Americanus (Glasgow: 1773)

This is the earliest-known pamphlet addressed to emigrants from the Highlands and Islands, encouraging them to join other Highland settlers in North Carolina, the land of 'liberty and plenty'.

NATIONAL LIBRARY OF SCOTLAND

Highland Departures/Am Falbh Gàidhealach

THE SAILING OF THE EMIGRANT SHIP, 1895

By William McTaggart (1835-1910)

McTaggart's life-long preoccupation was the physical, atmospheric and emotional integration of figures into landscape with the aim of creating a complete unity of feeling. It seems probable that McTaggart's treatment of emigration is retrospective, and that the picture is, in a sense, historical, showing a period which can be roughly equated with the years of the artist's boyhood in Kintyre during the 1840s.

NATIONAL GALLERY OF SCOTLAND

Highland Heritage/Dualchas Gàidhealach

EMIGRANT WORKERS IN
CANADA, 1905

This photograph illustrates the hard
conditions endured by three Lewis
men who emigrated to Canada and
found work as lumberjacks in a
Canadian forest.

NATIONAL MUSEUMS SCOTLAND

'THE AMERICA'

From 'A Collection of Scotch Airs,
with the latest variations written
for the use of Walter McFarlan of
that Ilk by David Young, W[riting]
M[aster] in Edinburgh', 1740.

NATIONAL LIBRARY OF SCOTLAND

An estimated 100,000 people left the Highlands
and Islands in the late 18th and 19th centuries.
An enduring memory of their roots, heritage
and culture survived to sustain ties with the old
country today. Personal and place names from
Gaelic Scotland are found all over the globe.
Awareness of these and their origins have
brought the descendants of emigrants to visit
their former homes, to search out their kinsfolk
and origins, and to re-live the traditions of
Highland Scotland in their own countries.

Thathas a' meas gun do dh'fhàg mu 100,000
neach a' Ghàidhealtachd is na h-Eileanan aig
deireadh na 18mh linne agus anns an 19mh linn
ach tha ceanglaichean ris an t-seann dùthaich
fhathast làidir. Tha ainmean pearsanta is
ainmean àitean bhon Ghàidhealtachd rim
faighinn air feadh an t-saoghail. Tha iad sin
air toirt air sliochd nan eilthireach a thighinn
a dh'fhaicinn nan seann dhachaighean, a lorg
chàirdean is thùsan, agus a dh'ath-bheothachadh
dualchasan Gàidhealtachd na h-Alba nan dùth-
channan fhèin.

TRADITIONALLY, people in the Highlands and Islands have made their living from the land and sea. From the earliest settlements, the land was cultivated for crops, while cattle and sheep were kept for their meat, milk and wool. The sea was a reservoir of natural resources, providing early coastal communities with a constant supply of fish and shellfish caught in the shallow inshore waters.

People were mainly self-sufficient, making use of the natural materials found on the land. By working in harmony with the land and sea, strong, tightly-knit communities flourished, typical of the Highlands and Islands way of life over the centuries.

Gutting herring, 1903 [detail].
NATIONAL MUSEUMS SCOTLAND

BHA sluagh na Gàidhealtachd is nan Eilean air am bith-beò a dhèanamh bhon tìr agus bhon mhuir. Bha an talamh air àiteach daonnan airson bàrr, agus bha crodh is caoraich gan cumail airson an cuid feòla, am bainne is an clòimhe. Bha a' mhuir na stòras de ghoireasan nàdarra, a' tabhann pailteas de dh'iasg is mhaorach bho uisgeachan faisg air tìr dha tràth choimhearsnachdan na h-oirthire.

Bha daoine an ìre mhath fèin-fhoghainteach, a' dèanamh feum de stuthan nàdarra na tìre. Le bhith ag obair ann an co-chòrdadh leis an talamh is a' mhuir, shoirbhich coimhearsnachdan làidir, dàimheil, coltach ri dòigh-beatha na Gàidhealtachd is nan Eilean thar nan linntean.

PORTRAITS OF HIGHLAND SOCIETY PRIZE CATTLE [detail]

From James Howe (Edinburgh: 1832)

NATIONAL LIBRARY OF SCOTLAND

A SKYE COTTAGE [detail]

From *The Illustrated London News*, 15 January 1853

NATIONAL MUSEUMS SCOTLAND

HERRING DRIFTER [detail]

A model of the Stornoway Herring Drifter, *Muirneag* SY486. (See page 112 for full picture).

MUSEUM NAN EILEAN/ PHOTOGRAPH © GORDON WILLIAMS

The Land

Put your trust in the land –
It never left a man empty ....

The most common form of settlement was the *baile* or 'town-ship', surrounded by long narrow strips of land or 'rigs' where crops were cultivated. Beyond the *baile*, animals grazed on the moor. During the summer months they would be taken to 'shiel-ings', the summer grazings further out on the hills.

Co-operation was fundamental to the success of these settle-ments. The people came together for the building of houses and to carry out daily tasks such as ploughing, harvesting and peat-cutting. Their lives were organised around the seasons.

During the 18th and 19th centuries, the clusters of dwellings that formed townships were replaced by individual holdings or crofts. These were meant to be self-sufficient small holdings that allowed people to support their families on the land. Many crofters subsidised their income working in local industries such as 'kelping', or the harvesting of seaweed.

Today, towns and communities thrive in the Highlands and Islands. The region offers such an attractive lifestyle that it has the fastest growing population in Scotland.

UNTITLED (PORTRAIT OF ARCHIE MACDONALD, SOUTH UIST)

By Paul Strand, 1954

In 1954 American photographer Paul Strand, travelled to the Western Isles where, after long consideration, he established himself in South Uist. Working alongside his wife, Hazel, he photographed for three months, recording the landscape, architecture and people of the island. Strand's book *Tir a' Mhurain* ('Land of Bent Grass') was published in 1962. In his generous and collaborative portraits of a tenacious community in its environment, Strand hoped to indicate both the particularity and the universality of human potential.

ON LOAN FROM STILLS GALLERY TO THE SCOTTISH NATIONAL PHOTOGRAPHY COLLECTION/© PAUL STRAND

PEAT-CUTTING, GLENDALE, 1931

NATIONAL MUSEUMS SCOTLAND

An Talamh

Cuir do mhuinighin 'san talamh,
Cha d' fhàg e fear falamh riamh ....

B'e an t-seorsa tuinneachaidh bu chumanta 'om baile'. Bha àiteach ga dhèanamh ann an iomairean, no 'feannagan', far an robhar a' cur bhàrr. Air taobh a-muigh a' bhaile bha beathaichean ag ionaltradh air a' mhòintich. Rè mìosan an t-samhraidh, dheigheadh an toirt gu 'àirighean', ionaltraidhean samhraidh na b' fhaide a-muigh sna cnuic.

Bha co-obrachadh bunaiteach agus bha an sluagh a' tighinn còmhla airson taighean a thogail agus airson obair làitheil mar treabhadh, buain is gearradh mhòine. Bha an doigh-beatha a rèir nan ràithean.

Tro an 18mh is an 19mh linn, thàinig atharrachaidhean air na bailtean le croitean an àite nan cròileagan fhàrdaichean a bh'ann roimhe. Thabhainn iad sin fèin-fhoghainteachd a bha toirt cothrom do dhaoine an teaghlaichean a bheathachadh bhon fhearann.

An-diugh, tha bailtean is coimhearsnachdan a' soirbheachadh air Ghàidhealtachd agus sna h-Eileanan. Tha an t-àite a' tabhann dòigh-beatha cho tlachdmhor is gur ann an a tha an àireamh-sluaigh as luaithe tha meudachadh ann an Alba.

SHEEP BEING BROUGHT FROM THEIR GRAZING ON THE ISLAND OF COPINSAY FOR SALE IN KIRKWALL

By Chick Chalmers, *c*.1978

Copinsay is one of the smaller Orkney islands, for the most part uninhabited, but used throughout the summer months for the grazing of sheep. Chalmers came across this peculiar water-borne flock during a visit to Orkney in the late 1970s while still a student at the Polytechnic of Central London. His photographs amounted to a form of testimony deeply relevant to island communities, proposing a style of living that embraced both the modern and the traditional.

The Sea

The sea wants to be visited ....

Traditionally, most fishing was done from the rocks using a rod and line, hand lines, and baited hooks or nets. The *sgoth* or skiff, with a crew of five or six, was used to fish in deeper waters with long lines and hundreds of baited hooks, held in the line basket or *scuil*.

By the 19th century, Scotland was a fishing nation and the fishing fleet followed the abundant shoals of herring around the Scottish coastline. Men and women worked in the industry as boat crews, packers and gutters, following the herring in a seasonal migration from the Minch to Great Yarmouth.

The fishing industry declined in the years leading up to the First World War. Now, new technologies exist and new ways of making a living from the sea have developed. The oil industry and eco-tourism have generated investment and jobs.

Today the Islands are connected by a vital network of ferries, bridges and causeways.

A VIEW OF STORNOWAY [detail]

By James Barret, 1798

This painting by an English artist, exhibited at the Royal Academy in London in 1798, is the earliest known oil painting of the landscape of the Western Isles. After the defeat of the Jacobite Rebellion in 1745-46, the Hanoverian Government decided to devote more resources to improving economic conditions in the Highland and Islands. Stornoway was developed as an important fishing port, and its fleet of herring busses soon became a thriving concern.

SCOTTISH NATIONAL PORTRAIT GALLERY

A' Mhuir

Dh' iarr am muir a thadhal ....

B' ann bho na creagan, le dorgh, slait is lìn a bhathas ag iasgach
mar bu trice. Bha an sgoth, le criutha de chòignear no sianar, air
a cleachdadh airson iasgach ann an uisgeachan na bu doimhne
le lìn-fhada bhaoite ann an sgùil.

Mun 19mh linn, b' e dùthaich iasgaich a bh' ann an Alba
agus bha na h-iasgairean a' leantainn an sgadain a bha pailt
timcheall a' chosta. Bha fir is mnathan ag obair sa ghnìomhachas
mar chriuthaichean bhàtaichean, phacairean is chutairean, ann
an imrich ràitheil bhon Chuan Sgìth gu Yarmouth.

Chaidh gnìomhachas an iasgaich air ais sna bliadhnaichean
ron Chiad Chogadh. A-nise, tha teicneòlasan ùra ann agus tha
dòighean ùra air an leasachadh airson bith-beò a dhèanamh
bhon mhuir. Tha gnìomhachas an ola agus eag-thurasachd air
tasgaidh is obraichean a chruthachadh.

An-diugh, tha na h-eileanan ceangailte le lìonra chudromach
de bhàtaichean-aiseig, dhrochaidean agus chabhsairean.

BARD MCINTYRE'S BOX

By Will Maclean, 1984

Born in Inverness into a family of
fishermen, Maclean has created a
body of elegaic work in which boxes
filled with references to fishing both
record a vanishing way of life and
evoke the myths and symbols of
those who have made a precarious
existence from the sea.

SCOTTISH NATIONAL GALLERY
OF MODERN ART/© WILL MACLEAN

COLL FLIT BOAT (top left)

John Cameron and Neil McLean on
the Coll ferry, *c.*1960.

NATIONAL MUSEUMS SCOTLAND

HERRING DRIFTER [detail]

A model of the Stornoway Herring
Drifter, *Muirneag* SY486.

COLLECTIONS OF MUSEUM NAN EILEAN/
PHOTOGRAPH © GORDON WILLIAMS

A' Gleiddheadh Creideirch

Keeping Faith in the Highlands

RELIGION has always been central to the Highland way of life.

In the 6th century the Irish missionary St Columba and his followers evangelised the Highlands and Islands from Iona. Such was his influence that Columba became the patron saint of the Gael. His inheritance is evident today in the Iona Community, the many church dedications to the saint, and in an awareness of the traditions of the Celtic Church.

From the 12th to the 16th centuries, the Church in the Highlands was part of the Church of Rome. Gaelic churchmen used their own language, as well as Latin, to compile manuscripts. The Scottish Reformation of 1560 severed these links with Rome.

After the Reformation the Church in the Highlands and Islands developed its own unique traditions, such as the singing of the Psalms of David by a precentor, who would sing the line which would then be taken up by the congregation. Lay preachers, known as *Na Daoine*, 'the Men', carried the Word of God to scattered congregations. Their distinctive use of the Gaelic language set them apart.

Today both Roman Catholic and Protestant congregations worship in the Highlands and Islands. Other faiths are practised here too, as the region provides inspiration for all.

FIR BHREIGE CHALANAIS
'THE MEN OF LIES' TURN TO STONE
STANDING STONES AT CALLANISH [detail]

The standing stones of Lewisian gneiss have attracted many theories as to who erected them and why. At 4000 years old, they are older than those at Stonehenge.

NATIONAL MUSEUMS SCOTLAND

THA creideamh air a bhith a-riamh aig cridhe dòigh-beatha na Gàidhealtachd.

San 6mh linn, dh'ìompaich am miseanaraidh Èireannach, Calum Cille agus a luchd-leantainn, a' Ghàidhealtachd is na h-Eileanan bhom bunait air Eilean Idhe. Bha a leithid de bhuaidh aige is gun tàinig Calum Cille gu bhith na naomh phàtrain nan Gàidheal. Tha a dhìleab ri fhaicinn an-diugh ann an Coimhearsnachd Idhe, ann an iomadh coisrigeadh eaglaise dhan naomh agus ann am mothachadh de dhualchasan na h-Eaglaise Ceiltiche.

Bhon 12mh linn gun 16mh linn, bha an eaglais air Ghàidhealtachd air a pàirt de Eaglais na Ròimhe. Chleachd luchd-eaglais Gàidhlig, an cànan fhèin, a thuilleadh air Laidinn, airson sgrìobhainnean a dheasachadh.

An dèidh an Ath-Leasachaidh ann am 1560, rinn an eaglais air Ghàidhealtachd a leasachaidhean sònraichte fhèin, a' seinn Shailmean le neach-togail fuinn a chuireadh a-mach na loidhne, a sheinneadh an coitheanal an uairsin. Bha searmonaichean neo-chlèireach ris an canar 'Ceistearan' no 'Na Daoine' a' toirt facal Dhè gu coitheanalan sgapte.

An-diugh, tha coitheanalan Pròstanach is Caitligeach ag adhradh sa Ghàidhealtachd agus sna h-Eileanan. Tha creideamhan eile ag adhradh an seo, oir tha an t-àite a' tabhann brosnachadh do na h-uile.

SILVER COMMUNION CUP [detail]

By Simon MacKenzie; Inverness, c.1718

Engraved with Earl's coronet, crest and motto for Sutherland (from Golspie Parish Church).

NATIONAL MUSEUMS SCOTLAND

WRITTEN CHARM [detail]

Used to cure toothache, given by a 'wise woman' in Ross-shire, about 1869, to be carried by the sufferer.

NATIONAL MUSEUMS SCOTLAND

AMBER CHARMS

Amber beads, highly regarded for their protective power and for curing diseases of the eyes.

NATIONAL MUSEUMS SCOTLAND

The Church/An Eaglais

THE REVD HUGH MACKAY
MACKENZIE OF TONGUE

By D. O. Hill and R. Adamson, 1843

The Revd Hugh Mackay Mackenzie
of Tongue (1771-1845) was a Free
Church minister. This calotype, an
early form of photography, was
taken by David Octavius Hill and
Robert Adamson in Edinburgh as a
study for the great painting of 'The
Disruption' that commemorated the
secession of the Free Church from
the Church of Scotland in 1843.

SCOTTISH NATIONAL PHOTOGRAPHY
COLLECTION

SAILM DHAIBHIDH
[PSALMS OF DAVID]

A MEADAR DHÀNA GAOIDHEILG,
DO RÉIR NA HEABHRA

Andrew Anderson (Edinburgh: 1707)

This is the title page from the rare
fifth edition of the Psalms in Gaelic.
They were first translated into
Gaelic at the Synod of Argyle in
1659.

NATIONAL LIBRARY OF SCOTLAND

THE CHAPEL OF NETS

Camus, Ross of Mull, c.1940

The barrels, normally used to pack
and dispatch fish, are used here in
the place of traditional church pews.

NATIONAL MUSEUMS SCOTLAND

An Alternative Faith/Creideamh Eile

Alongside formal religion, Highland commun-
ities were sustained by a strong belief in the
power of charms and amulets, and of super-
natural powers in the landscape. Those with the
gift, or curse, of 'second sight' were regarded
with awe in their community.

Another aspect of faith in the Highlands
and Islands can be seen in the charms, prayers
and hymns collected and preserved by scholars
in the late 19th century. People believed that
rare and unusual objects had special powers.
Charms made from amber, crystal and fossils
were used to seek and keep the health of people
and animals. Traditional 'folk-medicine' also
used local plants and herbs.

Bha coimhearsnachdan Gàidhealach air an
cumail suas le creideas làidir ann an cumhachd
sheunan is chlachan buadhach agus ann an
cumhachdan os-nàdarra san àrainneachd.
Anns a' choimhearsnachd, bhathas a' coimhead
le eagal air an fheadhainn aig an robh an 'dà-
shealladh'.

Chithear taobh eile de chreideamh air
Ghàidhealtachd is sna h-Eileanan anns na
seudagan, ùrnaighean is laoidhean a bh' air an
cruinneachadh is air an gleidheadh le sgoilearan
aig deireadh na 19mh linne. Bhathas a' cleach-
dadh seunan òmair, criostail is fosail airson
slàinte dhaoine is bheathaichean a lorg is a
ghleidheadh. Bha lusan ionadail gan cleach-
dadh còmhla ri ìocshlaint thraidiseanta.

IN Gaelic, *Cò leis am fearann?* translates as 'Who has the land?' or 'Who possesses the land?'. Can any single group or person lay absolute claim to this landscape? People past and present have shaped the land. They laid down successive cultural layers that have enriched the landscape, the language, and the traditions of the region. This is the legacy of the Highlands, enhanced by the new Highlanders – *na Gaidheil ura* – many of whom bring new languages, cultures and traditions. We believe that there is a sense in which the land belongs to everyone.

AN urrainn dha aon bhuidheann no aon duine làn chòir air an àrainneachd seo a dhleasadh? Tha an sluagh a bh' ann roimhe agus an sluagh a th' ann san àm tha làthair air cumadh a thoirt air. Seo dìleab na Gàidhealtachd, neartaichte le na Gàidheil ùra – mòran dhiubh a tha a' toirt a-steach cànanan, cultaran is dualchasan ùra.

CHESSMAN [panel and above]
Scandinavian in origin, late 12th century

One of eight kings from a hoard found in the winter of 1830-31 at Uig Bay, Lewis.

NATIONAL MUSEUMS SCOTLAND

Who owns this Land?/Cò leis am Fearann?

VIKING BOAT CARVING [detail]
Jarlshof, AD 800-1100

NATIONAL MUSEUMS SCOTLAND

PICTISH CHAIN, AD 400-800 [detail]

NATIONAL MUSEUMS SCOTLAND

WHALE BONE CASKET, 15th century [detail]

The Lordship of the Isles was a hugely powerful Gaelic society outwith the control of Scottish kings. This casket's decoration indicates the Celtic roots of the Lordship.

NATIONAL MUSEUMS SCOTLAND

In the past the ownership of land focused on the control of land and its productivity. In the first millennium, Picts, and then Scots, marked their presence with great symbol stones and place names. Cultures met and melded rather than conquered and destroyed, so that names such as 'Atholl' for 'New Ireland', or 'Strathearn' for 'Ireland's Strath', hint at the movement of Gaels into the eastern valleys. More dramatic was the arrival of the Vikings who occupied large areas of the Highlands and Islands. Coming from across the sea, they were adventurers searching for land which they took by force.

In the 12th century, new élites arrived from England and the Continent and were given lands in return for service and support. Ownership of land was established by feudal title in a charter from the Crown. In due course, most clans came to hold their lands by charter and the stability that this provided for those living and working the land gave them a sense of 'ownership'.

An inherited sense of right to the land – *dùthchas* – was cynically cast aside in the Clearances when the clan lands were sold by their traditional owners, the clan chieftains, or let for high rents to sheep farmers, and older values were sacrificed to the market economy.

San àm a dh'fhalbh, b' e toradh an fhearainn a bha cudromach. Sa chiad mhìle bliadhna, bha na Cruithnich, is nan dèidh na h-Albannaich, a' comharrachadh an làthaireachd le clachan samhlachail mòra agus le ainmean àitean. Nan deidh, bha tighinn nan Lochlannach, a ghabh sealbh air ceàrnaidhean mòra den Ghàidhealtachd is de na h-Eileanan, na bu sgriosaile oir ghabh iad seilbh le làmhachas-làidir.

San 12mh linn thàinig uaislean ùra à Sasainn is bhon Mhòr-Thìr agus chaidh fearann a thoirt dhaibh bhon Chrùn mar dhuais airson seirbheis is taic agus bha còir-sgrìobhte aca fon seo.

Chaidh dùthchas, còir oighreachdail air seilbh an fhearainn, a chur gu aon taobh aig àm nam Fuadaichean an uair a reic na cinnfeadhna fearann nan cinnidhean airson a thoirt a-mach air mhàl dha tuathanaich chaorach.

Who owns this Land?/Cò leis am Fearann?

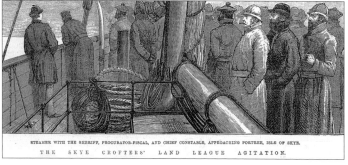

STEAMER WITH THE SHERIFF, PROCURATOR-FISCAL, AND CHIEF CONSTABLE, APPROACHING PORTREE, ISLE OF SKYE.

THE SKYE CROFTERS' LAND LEAGUE AGITATION.

The modern movement for community land ownership in the Highlands and Islands, beginning with the purchase of Assynt in 1993, and reinforced by the Scottish Parliament's Land Reform Act of 2003, has now perhaps vindicated the old concept of *dùthchas*.

Tha an gluasad ùr airson seilbh air fearann coimhearsnachd air Ghàidhealtachd is sna h-Eileanan, a' tòiseachadh le ceannachd Asainte ann an 1993, agus air a dhaingneachadh le Achd Ath-Leasachaidh an Fhearainn Pàrlamaid na h-Alba ann an 2003, a-nise air an t-seann bheachd mu dhùthchas fhìreannachadh.

Acknowledgements

All images and photographs are credited individually on the page:

ILLUSTRATIONS AND PHOTOGRAPHS

NATIONAL GALLERIES OF SCOTLAND

NATIONAL GALLERY OF SCOTLAND
pages 8, 82, 106

SCOTTISH NATIONAL GALLERY OF
MODERN ART/© WILL MACLEAN
page 113

SCOTTISH NATIONAL
PHOTOGRAPHY COLLECTION
pages 67, 75, 116

ON LOAN FROM THE STILLS
GALLERY TO THE SCOTTISH
NATIONAL PHOTOGRAPHY
COLLECTION/© APERTURE
FOUNDATION INC., PAUL
STRAND ARCHIVE, *page* 110

SCOTTISH NATIONAL
PHOTOGRAPHY COLLECTION/
© ESTATE OF CHICK CHALMERS
page 111

SCOTTISH NATIONAL PORTRAIT
GALLERY, *pages* 30, 40, 41, 66,
68, 69(x2), 70, 84, 85, 92, 95,
100, 104, 113

SCOTTISH NATIONAL
PORTRAIT GALLERY/
© ALEXANDER MOFFAT,
page 95

NATIONAL LIBRARY OF SCOTLAND
(© Trustees of the National Library of
Scotland), *pages* 30, 31, 40, 41, 43,
44, 65(x2), 66, 67(x3), 68, 69, 70,
71(x2), 73(x2), 74, 75, 76(x2), 78,
81(x2), 82, 83, 84, 85, 88, 92, 93,
94(x2), 98, 99(x2), 104, 105(x2),
107, 109, 116, 122

NATIONAL LIBRARY OF
SCOTLAND/CÀNAN, ISLE OF SKYE
for www.sgleog.com
a project funded by Seirbheis nam
Meadhanan Gàidhlig, *page* 91

NATIONAL LIBRARY OF
SCOTLAND/COURTESY OF JOHN
CLEGG & CO, *page* 52

NATIONAL LIBRARY OF
SCOTLAND/COURTESY OF THE
COUNTESS OF SUTHERLAND
pages 73, 86(x2), 87(x2)

NATIONAL LIBRARY OF
SCOTLAND/CROWN COPYRIGHT
page 83(x2)

NATIONAL LIBRARY OF
SCOTLAND/COURTESY OF THE
NEIL GUNN LITERARY ESTATE
page 95

NATIONAL LIBRARY OF
SCOTLAND/COURTESY OF THE
MACLEAN FAMILY, *pages* 94-95;

NATIONAL LIBRARY OF
SCOTLAND/© SCOTTISH
NATURAL HERITAGE, *page* 77

NATIONAL MUSEUMS SCOTLAND
(including the SCOTTISH LIFE ARCHIVE)
(© Trustees of the National Museums
of Scotland)
pages 15, 26, 27(x2), 31, 36, 37(x3),
42, 56-57, 64, 65, 68(x2), 71, 77,
78(x2), 79(x3), 80, 81, 84(x3),
89(x3), 91, 93, 96, 97(x3), 98(x2),
99, 100(x2), 101, 102, 103(x2),
107, 108, 110, 113, 114, 115(x3),
116, 117(x2), 118(x3), 119(x3)

NATIONAL MUSEUMS SCOTLAND/
LENT BY THE HIGHLAND SOCIETY
OF LONDON, *page* 36

NATIONAL MUSEUMS SCOTLAND/
NOEL PATON COLLECTION, *page* 82

B. J. STEWART/COURTESY OF THE
MARTYN BENNET TRUST, *page* 21

CANONGATE BOOKS/PRÒISEACT NAN
EALAN [THE GAELIC ARTS AGENCY],
pages 20, 90

CRAIG MACKAY
book cover, prelims and pages 1, 2, 3,
61, 62, 72

THE HERALD © NEWSQUEST
(HERALD & TIMES) LTD, *page* 14

COURTESY OF HIGHLANDS AND ISLANDS
ENTERPRISE, *pp.* 6(x2), 63(x3), 76, 79

THE ILLUSTRATED LONDON NEWS
with thanks to the *Illustrated
London News* Picture Library,
London, *pages* 109, 111, 120

THE COLLECTIONS OF MUSEUM NAN
EILEAN/PHOTOGRAPH © GORDON
WILLIAMS, *pages* 109, 113

NVA/PHOTOGRAPH © ALAN MCATEER
page 9

www.scotlandistheplace for *page* 101

TEXT

BIRLINN LTD
for permission to reproduce excerpts
from Norman MacCaig's poem, 'A Man
in Assynt' (*see pages* 54-57)

SHEIL LAND ASSOCIATES LTD
Extract from *Inishkillane* by Hugh
Brody (Copyright © Hugh Brody, 1973)
is reproduced and translated by permis-
sion of Sheil Land Associates on behalf
of Hugh Brody (*see pages* 16-19)

THE MACLEAN FAMILY
for permission to reproduce an excerpt
from *Sorley Maclean's poem 'Hallaig'*
(*see cover*)

*The publisher would like to thank NMS
Photography, NMSE Picture Library, the
Picture Library and Publishing staff at
the National Galleries of Scotland, and
staff at the National Library of Scotland
who supplied material for this publication.
We would also like to thank individuals
associated with other museums, societies
and organisations who provided images.*

*Every attempt has been made to con-
tact copyrightholders to use the material
in this publication. If any image has been
inadvertently missed, please contact the
publisher.*